KB123315

대왕의 후예들

대왕의 후예들

이웅구 지음

보고사
BOGOSA

들어가며

『조선왕조실록』에 의하면 27명의 국왕 중에 왕과 비, 빈 사이에서 10명씩 자녀를 둔 임금은 두 분이다.

세종과 성종이다. 세종은 소헌왕후 심씨와의 사이에 8남 2녀를 두었고, 성종은 숙의 홍씨와의 사이에 7남 3녀를 낳았다.

조선 초기와 선조, 효종, 영조 시대를 제외하고는 일반적으로 4~5명 정도의 자녀를 낳는 것이 보통인데, 두 분의 임금은 특별한 경우다. 특히 성종은 거의 매년 자녀를 낳을 만큼 부부간의 사랑이 대단했다.

이 책은 성종과 그의 빈이었던 숙의 홍씨의 7남 3녀 자녀들과 막내아들 양원군의 4세손들이 살면서 남긴 업적을 찾아 정리한 것이다. 아울러 성종 이후 효종에 이르기까지 9명의 임금을 섬기면서 200여 년 동안 후손들이 몸소 겪었던 크고 작은 중요한 역사적 사실을 첨부했다.

사료를 찾아 살펴보니 왕자들에 대한 기록은 얼마간 남아 있으나, 그 이후 후손들에 대한 기록을 거의 찾을 수 없어 안타까웠다. 종친은 4세손까지 관직에 나가 벼슬을 할 수 없는 신분상 제약이 있었기 때문일 것이다.

관직 생활을 하다가 잘못된 일이 생기면 처벌을 해야 하는데, 국왕과 가까운 지친이므로 그렇게 할 수 없었고 그리하면 정치적으로 큰 부담을 안게 되는 까닭이었다.

또한 7년간의 임진왜란과 정묘, 병자호란을 겪으면서 수많은 사료史料들이 손실됐을 것이다. 사료에 남겨진, 미처 찾아내지 못한 기록들이 더 있으리라 생각한다. 그것을 찾아 많은 자료들을 후손들에게 전해야 하는 과제를 안고 있다.

기록한 내용을 원문 그대로 옮기고자 최선을 다하였으나, 때로는 어려운 옛 문자를 전하기가 쉽지 않아 현대어에 맞춰 썼다. 다소 어색한 표현이 있더라도 독자들의 양해를 구한다.

이 책을 쓰는 데 자료 정리를 도와준 금아와 대우에게 고마운 마음을 전하고 싶다.

아울러 전주이씨 대동종약원과 책을 발간하는 데 물심양면으로 도와준 양원군 파종회장 이수훈 님, 함녕군, 화녕군, 강양군의 많은 종현께 감사드리며, 자료를 보내준 상원군의 근욱 님에게 고마운 마음을 전한다.

차례

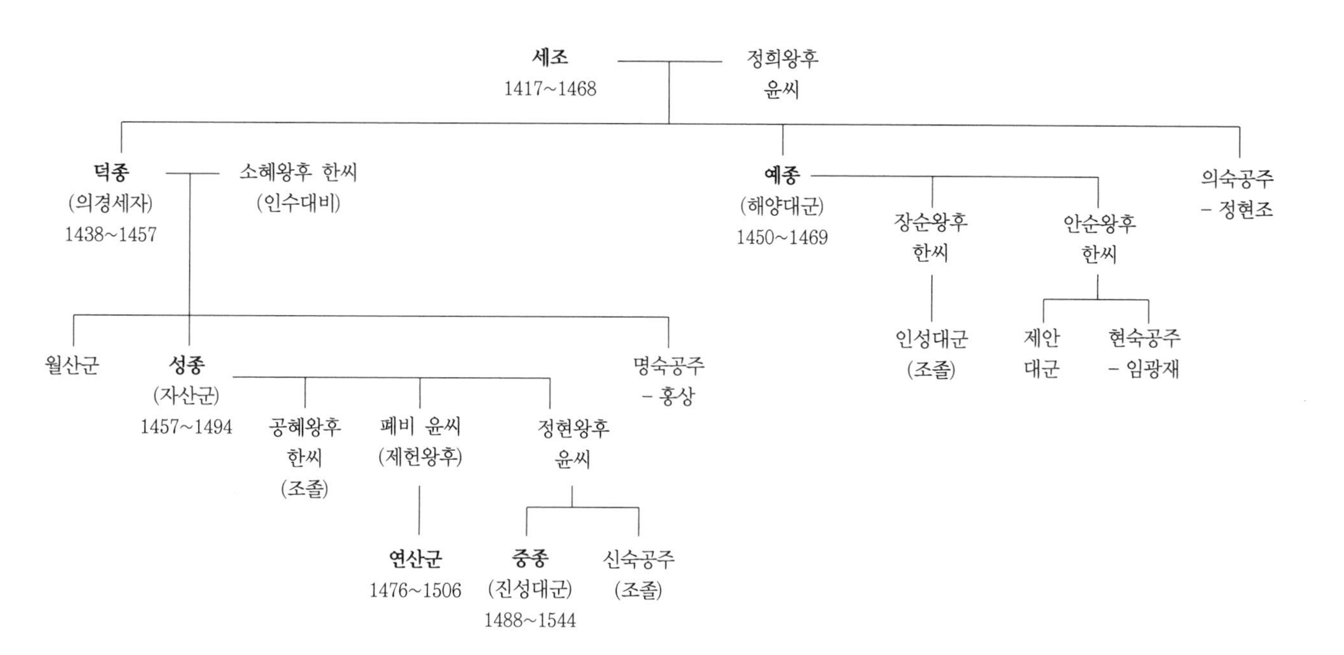

세조
1417~1468
정희왕후
윤씨
덕종
(의경세자)
1438~1457
소혜왕후 한씨
(인수대비)
예종
(해양대군)
1450~1469
장순왕후
한씨
안순왕후
한씨
의숙공주
- 정현조
인성대군
(조졸)
제안
대군
현숙공주
- 임광재
월산군
성종
(자산군)
1457~1494
명숙공주
- 홍상
공혜왕후
한씨
(조졸)
폐비 윤씨
(제헌왕후)
정현왕후
윤씨
연산군
1476~1506
중종
(진성대군)
1488~1544
신숙공주
(조졸)

성종 成宗

생몰년

덕종과 소혜왕후의 2남으로 자산군 혈이며, 1457년 7월 30일 태어나 1494년 12월 24일 38세의 젊은 나이에 창덕궁 대조전에서 병으로 붕어했다.

재위기간

1469년 11월~1494년 12월. 조선 제9대 임금으로 13세에 등극하여 25년 1개월이다.

능

선릉(서울시 강남구)은 성종과 정현왕후 윤씨가 좌우에 나란히 묻혀 있는 왕릉이다.

가족관계

부인 12명(비 3명, 빈 9명)

자손은 16남 12녀로 28명의 자녀를 낳았다. 태종과 함께 가장 많은 부인을 둔 왕이다. 『선원록』과 『선원계보기략』에 기록된 자녀 이외에 일찍 죽은 4남 2녀가 있다. 폐비 윤씨와의 사이에서 낳은 1남, 정현왕후 2녀, 명빈 김씨 2남, 숙의 권씨 1남이다.

생애활동

왕위 계승 서열에서 멀어 왕이 될 수 없는 위치에 있었으나, 갑자기 예종이 승하함으로써 할머니 정희대비와 장인 한명회의 도움으로 왕위에 올랐다.

성종은 어려서부터 총명하고 학문이 매우 깊었다. 7년에 걸친 정희대비의 수렴청정이 있었으나 그 이후 정국을 매우 안정적으로 이끌어 조선 왕조의 통치체계를 확립했다.

또한 『경국대전經國大典』을 완성해 조선을 동일한 법전에 기초한 법치국가로 만들었다. 북방의 여진족 정벌, 남방의 일본과 무역 확대를 통해 국력을 크게 신장시켰고, 정치적으로는 사림파를 적극적으로 등용하여 훈구파와 세력 균형을 이루어 왕권을 안정시키고자 하였다.

통치 기간 중 폐비 윤씨 사건으로 불행의 씨앗을 남겨 커다란 오점으로 남았다. 재위 기간 25년 동안 많은 업적을 남겨 성군으로 불렸다.

강력한 군주를 꿈꾸며 준비했던 예종(재위 1468~1469, 세조의 둘째 아들)이 임금에 오른 지 14개월 만에 족질에 걸려 갑자기 세상을 떠났다. 겨우 20세를 넘긴 나이였다.

왕실에서는 후계 문제로 고민에 빠졌다. 세조의 비였던 정희왕후貞熹王后(정희대비)는 나라의 중요한 문제라 하여, 심부름하는 내관들이 아니라 승지를 통해 서찰書札(편지)을 직접 중신들에게 전달하게 했다.

그들을 불러놓고 대통大統을 이을 후사에 대해 논의하였다. 이 자리에서 신숙주, 한명회, 구치관 등은 후사 문제는 신하들이 함부로 왈가왈부할 문제가 아니니, 왕실의 최고 어른인 정희대비 뜻대로 하고 예종의 국상을 주관할 주상主喪 즉, 실질적인 후계자를 정할 것을 청하였다.

이에 정희대비는 원자元子인 제안대군(예종의 아들)이 네 살밖에 안 돼 너무 어리며 의경세자(덕종 추존, 예종의 형으로 20세에 사망)의 첫째 아들 월산군(성종의 형, 16세)은 어릴 때부터 몸이 허약하여 병이 많으니, 둘째 아들 자산군(혈·娎)이 비록 나이는 어리나 능력도 출중하고 건강해 왕위를 계승하는 것이 좋겠다는 의견을 말하였다.

일찍이 세조께서 말하기를 "자산군은 매양 자질과 도량이 보통 사람보다 특별히 뛰어나다"라고 칭찬을 하면서 태조에 견주었다.(『예종실록』 권8, 1년 11월 28일)

정희대비는 월산군이 어려서부터 병이 있다고 말했지만, 실제로 월산군은 세조와 함께 활을 쏘고 사냥을 하였다. 또한 세조가 자산군을 더 사랑했다는 말도 하였다. 그러나 세조와 정희대비는 월산군의 혼인 행차 때 사복시 담 밑에 높은 비루(누각)를 만들어 구경하였으나 자산군의 혼인 때는 그러하지 않았다.

태조와 비교했다는 말은 『세조실록』에는 없으며 100년 정도 후대 인물인 차천로의 『오산설림초고』에 나올 뿐이다. 이렇게 비추어 볼 때 정희대비와 공신 세력인 한명회, 신숙주, 정인지 사이에 사전 합의가 아니라면 있을 수 없는 일이었다.

정희대비의 지목을 받은 자산군은 훈신 세력의 지지를 받으며 예종이 사망한 날 즉위식을 했다. 1469년 11월 28일의 일이었다. 13세의 어린 나이에 왕위에 오른 것이다. 조선 9대 임금인 성종이며, 세조의 손자이자 연산군과 중종(진성대군)의 아버지다.

일반적으로 선왕이 사망하면 나흘에서 엿새 정도 시간을 두고서 깨어나길 기다렸다가 즉위식을 거행하는 것이 관례였다. 그러나 그렇지 못했다.

게다가 자산군은 후사로 정해지지 않은 상태였고 왕위 계승 서열에서 멀어 왕이 될 수 없는 위치에 있었다. 갑자기 예종이 사망하여 새로운 왕으로 결정된 첫 번째 사례다.

정희대비의 지시라는 형식을 갖추었지만, 그 속내를 들여다보면 정희대비와 한명회의 정치적 결탁이 있었다. 자산군은 한명회의 사위였고, 그는 세조 때부터 최고의 권력을 행사하고 있었다. 게다가 1460년에는 첫째 딸(장순왕후 한씨)을 세자로 있던 예종과 혼인시켜 왕실과도 깊은 인연을 맺었다. 정희대비 또한 예종의 갑작스러운 죽음으로 인하여 어수선한 정국을 안정시키기 위해 한명회의 정치적 후원세력이 절대적으로 필요하다고 판단했던 것으로 보인다.

성종은 왕위에 올랐으나, 13세로 어린 임금이었다. 아직 나랏일을 스스로 돌보기에는 어려움이 많았다. 조정의 대신들은 왕이 성인이 되는 20세까지 왕실의 최고 어른인 대비의 돌봄이 필요하다고 생각했다. 정치를 대신해 주는 형태인 수렴청정을 적극적으로 권유했다. 조선 역사상 최초로 정희대비를 통해 수렴청정이 시작된 것이다. 성종은 즉위년 12월 9일, 왕이 된 직후 의정부에 전지傳旨를 내렸다.

"내가 어린 나이로서 대업을 외람되게 계승했으나, 다스릴 줄을 알지 못하겠다. 무릇 군국의 기무를 대왕대비의 재단裁斷을 우러러 받들어 그제야 시행할 것이니 그것을 중앙과 지방에 알아듣도록 타일러라."

승지 등이 왕에게 주요 안건을 아뢰면 왕이 친히 결단하거나, 혹은 여러 원상院相에게 의논하거나, 또는 대비에게 아뢰게 하는 방식이었다.

정사를 보는 것이 끝나면 승지가 아뢴 일을 다시 대비에게 품稟하여 시행하고, 뒤에도 이와 같이 하였다고 전하고 있다. 실록 기록에 의하면 중요한 사안인 경우에는 반드시 정희대비에게 아뢴 후에 결정했다는 사실이 잘 나타난다.

대비에게는 약점이 있었다. 문자를 몰랐다. 성종이 즉위한 후 수렴청정을 청하는 대신들에게 "나는 문자를 알지 못해서 정사를 듣고 결단하기가 어려운데 사군嗣君(성종의 어머니 수빈粹嬪 소혜왕후)은 글도 알고 또 사리事理도 알고 있으니, 이를 감당할 만하다"라고 한 기록에서 정희대비가 글을 몰랐던 정황을 엿볼 수 있다.

당시로는 신세대 여성인 며느리 수빈이 글을 알아 시어머니의 각별한 신뢰와 사랑을 받았을 것으로 여겨진다.

비구니의 거처인 이사尼舍를 없애자는 논의에 반대의 뜻을 분명하게 한 점과 글을 깨우쳐 정희대비의 비서 역할을 한 궁녀 조두대, 그녀의 여동생이 뇌물을 받아 조정을 농락한 일이 있었으나 7년 정도 이어진 정희대비의 수렴청정은 비교적 긍정적인 평가 속에 막을 내렸다.

특히 성종에게 경연의 중요성을 강조해 어진 인사들을 많이 접하도록 명한 것은 정희대비의 빛나는 업적이다. 정희대비는 성종의 친정親政을 지시했다. 언문의지(대비가 내리는 명령서)를 통해 자신이 정무에서 물러날 뜻을 밝혔다.

"내가 본디 지식이 없었는데도 여러 대신들이 청하고 주상께서 나이가 어리신 이유로 마지못해 힘써 같이 정사를 청단聽斷했던 것인데, 지금은 주상이 나이가 장성하고 학문도 성취되어 모든 정무를 재결해 그 적당함을 얻게 되었다. 더구나 밖에는 정승과 육조와 대간이 있으니 내가 일찍이 그만하려고 했으나 뜻밖에 중궁(공혜왕후 한씨)이 사망하여 궁중의 일을 대부분 처리하지 못한 것이 있었기에 시일을 미루어 지금까지 이르게 된 것이다."(『성종실록』 권63, 성종 7년 1월 13일)

정희대비의 언문교지는 여기에서 그치지 않고 계속되었다.

"마침 지금은 주상의 나이가 이미 장성하고 학문도 성취되어 여러 가지 정사를 결정함이 규정과 법도에 어긋남이 없으니, 나 같은 늙은 부인이 쓸데없이 간섭할 바는 아니라"라며 정치 일선에서 물러날 뜻을 밝혔다.

대비는 또한 세조와 성종의 뜻을 욕되게 하지 않으려고 많은 노력을 했다. 정희대비가 정치에서 물러나자 훈신 세력들은 극구 만류했다. 자신들을 옹호하고 감싸줄 대비가 없어지기 때문이다. 마침내 성종은 대비가 수렴청정을 거두겠다는 뜻을 받아들였다.

"금년 정월 13일에 삼가 언문의지를 받았는데 내가 나이가 장성하고 학문이 성취되었다고 해서 나라의 모든 정무를 나 혼자 결단에 맡긴다고 하셨다. 명령을 듣고는 매우 두려워하고 있는데, 어찌 능히 감내하겠는가?"

고개를 숙이고 엎드려 이를 청하기를 두세 번에 이르고 승지나 원상들도 또한 이를 청했으나 되지 않았다.

"내가 생각건대 온 나라의 번거로운 사무로 성체聖體를 수고롭게 하는 것도 또한 편안히 봉양하는 도리가 아니므로 이에 마지못해서, 지금부터는 무릇 국가의 모든 정사는 내 뜻으로서 결단하고 다시는 대왕대비에게 아뢰어 처결하지는 않을 예정이다."(『성종실록』 권63, 성종 7년 1월 13일)

성종이 임금이 되는 데에는 정희대비와 훈신 세력의 도움이 매우 컸다. 13세의 어린 나이에 보위에 오른 성종의 재위 초반에는 훈신 세력이 아주 강성했다. 수렴청정하는 할머니 정희대비가 그들과 뜻을 같이했기 때문이다.

이들은 예종이 금지했던 분경奔競[1], 대납代納, 겸판서兼判書[2] 등을 부활시켰고 자신들을 견제하던 종친 세력의 핵심 인물인 귀성군(임영대

---

1 벼슬을 얻기 위하여 엽관 운동을 하는 일.

2 본직을 가진 관리가 판서의 직무를 겸하는 일.

군 아들)을 유배 보내어 훈신 세력의 권력을 더욱 공고히 했다.

아버지 덕종을 부묘祔廟[3]한 후 친정을 시작한 성종은 원상제를 폐지하는 등 훈신 세력의 영향에서 벗어나고자 노력했다. 원상이란 '승정원에 출근하는 대신'이란 뜻으로 세조 말년에 마련된 제도이다. 측근인 한명회, 신숙주, 구치관, 정인지 등을 임명해 자신이 죽은 뒤에도 정치적 영향력을 행사할 제도적 장치를 마련했다.

17명의 대신을 원상에 임명하고 4교대로 돌아가며 세자와 함께 국사를 결정할 것을 지시해 그들에게 막강한 권력을 주었다. 이후 세조의 공신 세력들이 예종과 성종 시대를 거치면서 훈구파로 자리를 잡아가 왕권이 약화될 수밖에 없었다.

그 후에도 사적으로 세력과 권세에 빌붙는 문제는 그치지 않았다. 사실 세조, 예종, 성종 시대를 거치면서 강력한 정치 세력으로 부상한 훈구파들은 서서히 노쇠해짐에 따라 그 힘 또한 쇠퇴하고 있었다. 성종 즉위 초부터 친정이 시작된 시점에 이르기까지 7년여 동안 신숙주, 홍윤성, 정인지 등 대표적 훈신들이 차례로 세상을 떴다. 아직 영향력 있는 훈신은 한명회와 정창손 정도뿐이었다. 그러나 이들의 세력도 그리 오래가지는 않았다.

성종은 첫 번째 부인인 공혜왕후의 아버지이며 자신이 왕위에 오르는 데 결정적인 공을 세운 한명회와의 관계 청산에 들어갔다. 빌미를 먼저 제공한 쪽은 한명회였다.

1481년(성종 12년) 6월에 명나라에서 사신 정동이 조선에 왔다. 그는

---

3 삼년상이 지난 뒤에 그 신주를 종묘에 모심.

조선 출신의 악명 높은 환관이었는데, 한명회와는 아주 친밀한 사이였다. 정동은 연회를 위해 압구정에 가겠다고 하였고, 성종은 그곳은 장소가 좁다는 이유를 들어 만류하였다. 그런데 가기 전날 정동이 얼굴에 종기가 나서 낫지 않았으므로, 약속을 취소하려고 하였으나 한명회는 '놀며 구경하면 병도 나을 것인데, 답답하게 객관에 오래 있을 필요가 있겠습니까' 하며 그를 설득하여 압구정에 가도록 하였다.

성종에겐 중국 사신과 함께 자신의 개인 정자인 압구정에서 연회를 열고자 하는데 장소가 좁으니 대궐에서 쓰는 큰 장막을 가져다 칠 수 있게 허락해 달라고 청했다.

성종은 한명회의 요청을 거부하며 "경이 이미 중국 사신에게 정자가 좁다고 말하였는데 이제 다시 무엇을 협의하겠는가? 좁다고 여긴다면 제천정[4]에서 잔치를 치러야 할 것이다"라고 말하였다. 조선 왕실 소유의 정자인 제천정에서 잔치를 열고 압구정에는 장막을 치지 말라고 했던 것이다.(『성종실록』 130권, 성종 12년 6월 25일)

그러자 한명회는 심기가 불편해져서, 부인의 병을 핑계로 제천정에는 나가지 않겠다고 말하였다. 이는 면전에서 성종을 무시한 것이다. 아무리 권력을 좌지우지하는 훈구 대신이라 하더라도 그냥 넘어가서는 안 되는 일이었다. 이에 화가 잔뜩 난 성종은 "한강 가에 있는 정자 중에 제천정과 희우정[5]을 제외하고 모두 헐어버려라. 내일

---

4 한강 북쪽 언덕에 있던 정자로 조선시대 명나라 사신이 오면 이곳에서 잔치를 베풀었다.

5 세종께서 큰 가뭄 때 정자에 우연히 거동하였다가 마침 영우(靈雨)를 만나 이름을 내리고 기문(記文)을 지었다. 효령대군의 별장으로 지어졌으나 훗날 성종 친형 월산대군의 별장이 되면서 망원정이라 불렀다.

은 제천정에서 주봉배晝捧杯(낮참에 마시는 술)를 차리고 압구정에는 유관만 하게 하라"고 승정원에 명하였다.

이 말이 전해지자 승지들이 아뢰기를 '한명회의 말은 지극히 무례합니다. 불경죄로 다스려야 합니다'라고 탄핵했다.

이에 성종은 국문을 허락하였다. 뒤늦게 사태의 심각성을 깨달은 한명회는 압구정 관련 일을 해명했으나 소용이 없었다. 성종은 "정승의 뜻을 내가 어찌 모르겠는가? 그러나 이 일은 정승이 잘못하였다"라고 하였다.

그동안 한명회가 왕명을 무시하고 환관 정동에게 빌붙어 권력을 농단한 데 대한 성종의 불만이었다. 벼슬과 권력을 떠나 갈매기를 벗 삼는다는 뜻을 담은 압구정을 권력을 유지하는 수단으로 이용하려 했으니 결국 이 일로 한명회는 파직되었다.

이로써 계유정난(세조 때 무력으로 일으킨 난) 공신으로 책록되어 세 임금(세조, 예종, 성종)에 걸쳐 최고의 권력을 누리던 한명회의 시대는 끝이 났다. 압구정 사건은 한명회의 화려했던 정치 인생에 종지부를 찍는 계기가 됐다.

그동안 압구정의 명성이 중국에까지 알려지면서 조선을 방문하는 사신들이 성종을 통해 압구정 관람을 청했다. 왕실에서 사용하는 용봉이 새겨진 천막을 사용하게 해주면 잔치를 벌이겠다는 이야기를 듣고 성종의 분노가 극에 달했던 것이다.

성종은 친정親政을 하여 세종의 치적을 계승하고 발전시키는 데 힘을 다했다. 즉위 초년에 직면한 시급한 과제는 할아버지 세조 때 발생한 혼란이 만든 여러 폐단의 뒷수습을 하며, 안정적인 유교 정치를 실행하고자 하는 것이었다.

세조 때 없어진 집현전을 대신할 홍문관弘文館을 새로 만들어 독서당제도를 시행해 인재들의 육성에 심혈을 기울였다.

성종이 이룩한 큰 업적 중의 하나는 조선 왕조 통치체계의 근간이 되는 『경국대전』을 1485년(성종 16년) 완성해 반포한 일이다. 조선의 기본 법전으로 행정조직인 이전吏典, 호전戶典, 예전禮典, 병전兵典, 형전刑典, 공전工典이 있었다.

세조 때에 이르러 보다 체계적인 통일 법전을 편찬할 필요성을 느껴 일반 백성들의 삶과 관련이 깊은 호전과 형전을 먼저 완성했으나, 나머지 4전에 대한 완성을 보지 못하였고 이어서 임금에 오른 예종도 『경국대전』이 완성되기 전에 사망했다. 이를 성종이 최종적으로 마무리한 것이다.

『경국대전』 완성으로 조선은 동일한 법전에 기초한 법치가 가능해졌다. 이로써 조선 왕조의 통치 기반도 안정되었다고 볼 수 있다. 이 밖에 성종은 『경국대전』의 조항 중 현실에 맞지 않는 것을 새롭게 고쳐 『대전속록大典續錄』을 편찬하는 등 조선 왕조의 통치체제를 확립하는 데 지속적으로 노력했다.

성종은 숭유억불 정책을 펼쳤으며 도첩제를 폐지하였고, 수조권을 국가에서 관리하는 관수관급제를 시행했다. 국가가 농민들로부터 직접 세금을 거두어들인 후 관리들에게 현물로 지급하는 제도였다. 이는 지방 관리가 농민들에게 세금을 과도하게 거두는 것을 방지하고, 흉년에는 세금을 감해서 받을 수 있었으며, 불법적인 침탈에서 해방될 수 있었다. 또한, 급할 때는 그 재원을 국가에서 조달할 수 있도록 했다.

반면 관리들로서는 기존에 누리던 혜택이 대폭 줄었다. 1550년(명종 5년)의 과전 혁파의 전초전이라고 할 수 있다. 성종은 국방에도 힘을 기울여 재위 내내 안정적으로 정국을 운영했다. 북방의 여진족을 두 차례 정벌하여 소탕하였고, 남방의 일본과의 무역을 확대하여 국력을 크게 진작시켰다.

세종 이래로 개척된 4군6진의 압록강, 두만강 국경선을 넘어 국경의 경계선을 산악지형이 둘러싸고 평평하고 드넓은 농경지가 있는 야춘과 훈춘을 위시한 남만주 지역까지 영토를 확장하려고 했으나 사림의 반발과 조선의 국내 사정 때문에 결국 무산되고 말았다.

만약 절도사 여자신의 건의를 받아 야춘과 훈춘을 위시한 남만주 개척이 성공하였다면, 세종에 이어 제2의 북진과 영토 확장을 이룩한 성과로 평가받았을 것이다.

한편으로 훈구파들과 대립 관계에 있던 사림파들을 적극적으로 등용하여 세력 균형을 이뤄 왕권을 안정시키고자 하였다. 신진 사림 세력은 김종직의 문하에서 공부한 사람들이었는데, 김종직이 중요한 대표적인 인물이었다.

김굉필, 정여창, 김일손 등은 사림의 시초로서 조선 후기까지 추앙받는 대상이 되었다. 이러한 인재 등용과 문화 발전으로 조선이 안정기에 접어든 것은 성종의 문치주의에 힘입은 것이다.

신하들이나 자신의 여자관계에 대해서는 관대하면서도 부인의 질투와 여성의 재혼에 대해서는 매우 엄격한 잣대를 가지고 있었다.

그 예로 유명한 것이 어우동 사건이다.

어우동은 성종 시대를 뒤흔든 스캔들의 여주인공으로, 승문원 지사를 지낸 박윤창의 딸이며 효령대군의 손자 태강수 이동과 혼인한 양반가 규수였다. 그러한 양갓집 규수가 노비, 중인, 양반은 물론 왕족에 이르기까지 광범위하게 많은 사람과 정을 통하다가 물의를 일으킨 것이다. 그녀는 태강수 이동과의 사이에 딸 이번좌를 낳았으나, 아들을 낳지 못하자 이동은 기생에게 빠져들었다.

종실의 사무를 관장하던 종부시에서 이동이 종친으로서 첩을 사랑하다가 아내의 허물을 들추어 제멋대로 버렸다고 임금께 알렸다. 어우동은 이혼 후 친정으로 돌아갔지만 아버지 박윤창이 받아주지 않자 따로 거처를 마련하여 계집종과 함께 살았다. 성애의 쾌락에 빠져든 어우동은 이름을 현비로 바꾼 다음 여종과 함께 사내를 찾아 나섰다. 성현의 『용재총화』에 따르면 여종이 단장하고 거리에 나가 미소년을 유혹하여 어우동과 함께 지내게 하였고 자신도 다른 미소년과 밤을 지냈다. 어우동은 시, 글씨, 그림에 뛰어난 재주를 보였고 또한 노래와 춤과 음악에도 통달했다. 고귀한 종친의 이혼녀로서 미모와 열정과 지성미까지 두루 갖춘 여성이었다. 그러나 그녀를 고발한 사람은 좌승지 김계창이다.

1480년(성종 11년) 6월 15일 『조선왕조실록』에 기록된 내용을 보면, "박씨(어우동)가 처음에 은장이와 간통하여 남편에게 버림을 받았고 또 방산수 이난과 간통하여 추한 소문이 들렸으며 그 어미 정씨 또한 노복과 간통하여 남편에게 버림받았습니다. 한 집안의 음란한 행위가 이와 같으니 마땅히 추국하여 법에 따라 처치하여야 합니다"라고 적고 있다.

성종은 "지금 풍속이 아름답지 못하기 때문에 여자들이 음행을 많이 일으키고 있다. 만약 법으로써 엄하게 다스리지 않는다면 사람들이 뉘우침이 없을 텐데 어떻게 풍속을 바로 잡겠는가?

옛사람이 말하기를 '끝내 나쁜 짓을 하면 사형에 처한다'라고 했다. 어우동이 음행을 자행한 것이 이와 같으니 엄한 형벌에 처하지 않고서 어찌하겠는가"라고 했다.

어우동을 극형에 처할 것을 명한 것이다. 조선 사회에 간통이 만연하는 것도 문제이지만 종친들 관계가 있다면 도덕적으로 더 큰 문제이다. 성종은 사태의 심각성을 인식하고 즉시 그녀를 붙잡아 들이라고 명하였다. 의금부에 하옥하여 심문을 했으나 범죄 사실을 인정하지 않았고, 종실 부인이었으므로 국문을 가할 수도 없었다. 반역죄가 아닌 이상 극형에 처할 수 없기 때문이다.

옥중에 있던 어우동은 관련자를 많이 끌어대면 중죄를 면할 수 있다는 종친 방산수 이난(세종 손자이며 계양군의 아들)의 회유에 빠져 그동안 관계했던 모든 사람의 이름을 말했다. 어유소, 노공필 등 고관대작의 이름이 줄줄이 새어 나오자 위관은 망연자실했다. 방산수 이난이 여기에 기름을 부은 것이다.

결국 성종은 종실 방산수와 수산수 이기를 귀양 보내고 중신 어유소, 노공필 등은 심문하지 않고 석방했다. 어우동은 왕실의 일가이므로 극형에 처해서는 안 된다는 의견과 아무리 그렇더라도 음행의 죄가 깊으니 극형으로 다뤄야 한다는 의견이 격렬하게 대립했다.

원로대신 정창손은 태종과 세종대에도 이와 비슷한 일이 있었지만 죽이지는 않았다며 귀양 보내자고 제안했다. 그러나 성종은 고심 끝에 조선 시대 풍속과 기강을 바로잡겠다는 이유를 들어 극형을 명했다.

의금부에서는 어우동의 혐의를 '남편을 배반하고 도망하여 바로 개가한 것'이라 했다. 어우동의 죄목은 간통이나 음행이 아닌 '개가'였던 것이다. 어우동은 목을 매어 죽이는 교형에 처해졌다. 그리고 왕실 족보인 『선원록』에서 지워버렸다. 『용재총화』에 따르면 어우동이 죽었다는 소식을 듣고 눈물을 흘리는 사람도 있었다고 한다. 어우동이 죽던 날 어머니 정씨는 이렇게 말했다고 한다. "사람이라면 누군들 정욕이 없겠는가. 내 딸은 다만 그것이 좀 심했을 뿐이다."

어우동이 비난의 대상이 될 수는 있었지만 교형에 처할 정도로 중죄는 아니라는 것이다. 이는 넘치는 정욕 때문에 남편에게 쫓겨나고 훗날 아들에게 죽임을 당한 어머니 정씨 자신에 대한 변명이기도 했다. 하지만 남성에게는 무한한 방종을 허용하면서 여성에게는 어떠한 일탈도 용인하지 않았던 조선 유교 사회에서 그러한 항변이 용납될 리 만무했다.

성종은 어려서부터 총명하고 학문이 깊어 안정적으로 정국을 이끌어 간 성군이었다. 다른 한편으로는 주연과 여색을 즐겼다. 종실들을 대하면 반드시 작은 술잔치를 베풀어 기생과 음악이 따르게 했다. 이것은 태평시대에 종친 간의 예로서 좋은 일이지만, 말하기 좋아하는 이는 '연산군이 연락宴樂(잔치를 벌여 즐김)에 즐겨 빠진 것은 성종 때부터 귀와 눈에 배었으므로 그렇게 된 것이다' 하니 참으로 애석한 일이었다.(『연려실기술』 권6 성종조 고사 본말)

재위 기간 중 가장 커다란 오점으로 남은 일은 두 번째 부인이자 원자를 낳은 왕비 윤씨를 폐위시켜 사사한 일이다.

한명회의 딸로 성종의 첫 번째 왕비가 된 공혜왕후 한씨는 성종이 즉위한 후 5년 만에 자손 없이 병으로 스무 살도 채 되지 않은 나이에 세상을 떠나 파주에 있는 순릉에 모셔졌다. 이후 성종은 윤기무(윤기견)의 딸 숙의 윤씨를 새 왕비로 맞아들였다. 당시 윤씨는 원자를 잉태하고 있었고, 성종의 사랑도 매우 깊었다.

후궁이었던 윤씨가 아들을 낳았는데, 그가 바로 조선의 10대 임금에 오른 연산군이다. 그러나 윤씨는 왕비가 된 후 성종과의 사이가 급격히 나빠지기 시작했다. 질투와 투기 때문이었다. 왕비의 신분에 어울리지 않는 문제를 여러 차례 일으켰다.

후궁들로 인해 성종은 왕비 윤씨에게 소홀했고 윤씨 집안이 크게 내세울 만한 명문가도 아니다 보니 집안 좋은 후궁들이 왕비를 은근히 무시하는 등 서로 간 알력이 생겼다. 원래 괄괄한 성격이었던 윤씨는 그런 왕과 후궁들의 태도를 참지 못하고 성종과 종종 다투었다.

윤씨는 성종이 머물고 있는 후궁의 처소에 갑자기 쳐들어가 성종의 노여움을 사는가 하면, 실랑이하는 과정에서 성종의 용안(임금의 얼굴)에 손톱자국을 내기도 하였다.(야사 기록)

이러한 사실이 성종의 어머니인 인수대비에게 알려지면서 인수대비는 노발대발했고, 며느리 윤씨를 몹시 미워했다.

그러던 중 왕비의 처소에서 비상砒霜과 후궁들을 저주하는 방법을 적은 부적이 발견되었다. 성종과 인수대비는 윤씨의 폐비를 결정하기에 이르렀고, 대신들은 윤씨가 원자의 어머니인 점과 원자의 나이가 불과 4세인 것을 들어 폐출을 강력히 반대했다.

결국 윤씨는 성종과의 불화로 1479년(성종 10년) 폐출되었다. 서인으로 삼아 궁에서 쫓아내기에 이르렀다. 왕비를 폐출한 것은 조선 역사상 처음 있는 일이었다.

인수대비는 언문교지를 내리면서 "지금 주상의 사랑을 받고 있는데도 행동이 저 모양인데 혹시 뜻대로 되지 않는다면 이보다 더한 행동도 하지 않을 것이라는 장담을 하지 않을 수 없다"라며 자신이 애초에 후궁에서 가려 뽑은 왕비였기에, 사람을 잘못 봤다고 후회했다.

그리고 3년 후 1482년(성종 13년) 이세좌에게 명하여 사약을 내리니, 폐비 윤씨는 죽음에 이르렀다.

"윤씨가 흉험凶險하고 악역한 것을 이루 다 말할 수 없다. 당초에 마땅히 죄를 주어야 하겠지만 우선 참으면서 개과천선하기를 기다렸다. 기해년에 이르러 그의 죄악이 매우 커진 뒤에야 폐비하여 서인으로 삼았지마는 그래도 차마 법대로 처리하지는 아니하였다. 이제 원자가 점차 장성하는데 사람들의 마음이 이처럼 안정되지 아니하니, 오늘날에 있어서는 비록 염려할 것이 없다고 하지만 뒷날의 근심을 이루 다 말할 수 있겠는가. 경들이 각기 사직社稷을 위해 계책을 진술하라."(『성종실록』 144권, 성종 13년 8월 16일)

성종은 원자(연산군)가 왕이 되었을 때 폐비 윤씨가 왕의 어머니로서 영향력을 발휘해 정국을 혼란하게 만들 것을 우려했다. 그리하여 폐비 윤씨를 사사시키고 원자에게는 이 사실을 숨겨 후환을 남기지 않으려고 했다.

성종은 원자의 어머니를 폐해서는 안 된다는 신하들의 강력한 반대에도 불구하고, 두 번째 왕비였던 윤씨를 폐위시켰다. 그리고 어린 원자가 자신의 모친이 폐위되고 사사되었다는 사실을 알지 못하도록 함구령을 내렸다. 성종은 죽기 전 자신의 사후 100년 동안 폐비 윤씨의 사사 사건을 공론화하지 못하게 유언했다.

연산군은 왕위에 오를 때까지 어머니 죽음에 관한 진실을 알지 못하게 성종의 세 번째 왕비인 정현왕후 밑에서 키워졌다. 그러나 연산군과 정현왕후 윤씨 사이에는 특별한 정이 없었다.

실록에 의하면 정희대비가 후궁 간택으로 폐비 윤씨를 정현왕후인 윤호의 딸과 함께 입궁시켜 숙의의 첩지를 내렸다고 한다. 흔히 폐비 윤씨의 생년이 불분명한 것으로 알려져 있으나 국립고궁박물관에 소장된 태실의 태지에는 1455년 6월 1일에 태어난 것으로 기록되어 있다. 성종(1457년)보다는 2년이 빠르다. 아들 연산군이 즉위한 후 제헌왕후로 추존되었으나, 중종반정 후에 삭탈되면서 폐서인 신분으로 다시 돌아갔다.

훗날 연산군이 왕위에 올랐을 때 친어머니 윤씨가 폐출된 끝에 사사되었다는 사실이 밝혀지면서 관련자 모두에게 피바람이 몰아닥쳤다. 연산군 대에 일어난 갑자사화甲子士禍 불행의 씨앗은 성종이 뿌린 것이나 다름없었다. 여러 정치적 업적을 남기며 안정된 기반 위에 조선 왕조의 통치체제를 확립한 성종은 연산군에게 왕위를 물려주었다.

1494년(성종 25년) 12월 24일 38세의 젊은 나이로 성종은 창덕궁 대조전에서 오시午時(오전 11시~오후 1시)에 세상을 떠났다. 재임 기간이 25년 1개월이었다.

『조선왕조실록』에 의하면 성종의 배꼽 밑에 종기가 있는데 약을 써야겠다는 기록이 남아 있다. 많이 야위었으며 종기가 혹처럼 불룩 튀어나와 만져지기까지 했다는 기록을 토대로 유추하면 현대 의학으로 볼 때 암이었을 가능성이 크다.

조선 시대에는 임금이 승하하면 왕릉 입지를 정하는 일이 국가적으로 매우 중요한 일이었다. 도성에서 10리 밖, 100리 안이라는 기준을 지키면서도 다양한 풍수지리 요건을 갖춘 길지(명당)여야 했다. 선릉 역시 그러한 기준을 두루 갖춘 명당이었는데 이곳은 광평대군(성종의 작은 할아버지, 세종의 5남)의 묏자리였다.

성종의 어머니 인수대비와 아들 연산군은 처음엔 선릉 묏자리를 반대했다. 그런데도 왕실의 외척이자 훈구 공신인 영의정 윤필상이 풍수적인 이유를 들어 성종의 선릉행을 관철시켰는데, 그 또한 몇 년 후에 갑자사화에 연루되어 참혹하게 죽었다.

성종의 장례는 1495년 4월에 묘호廟號를 성종成宗, 능호를 선릉이라고 하며 치러졌다. 지금의 선릉 자리는 옛 광주부 서면 학당리 언덕(현 서울 강남구 삼성동, 사적 199호)에 유해遺骸가 안장되면서 마무리됐다.

그런데 그 한 달 전쯤 되는 3월에 연산군은 부왕 성종의 묘지문을 읽으면서 처음으로 어머니 윤씨가 폐비 되어 사약을 받은 사실을 알게 된다. '그날 연산군은 밥을 먹지 않았다'라고 실록은 기록하고 있다. 임진왜란 첫해(1592년, 선조 25년) 왜군들이 선릉(성종과 정현왕후의 묘)과 정릉靖陵(중종의 묘)을 도굴하고 재궁梓宮(왕과 왕비의 관)까지 불태워 버렸다. 왕릉 파괴 소식을 처음 알게 된 사람은 관악산에서 한양 수복 작전에 돌입한 의병장 김천일이었다.

선릉에는 재만 남았고 아무것도 찾을 수 없었다. 정릉에는 정체불명의 시신이 있었고, 주변에는 밥을 해 먹은 흔적과 옷을 태운 흔적만 있었다.(『선조실록』, 1593년 8월 24일)

조선 정부 관리들은 정릉에서 발견된 시신에 대해 의구심을 가졌다. 중종이 승하한 지 50년이 다 됐는데도 시신은 그렇게 오래된 것이 아니었기 때문이다. 관이 모두 불탔는데 시체만 남아 있는 것은 이치에 맞지 않았다. 조사관들은 중종의 외모 특징에 대해 잘 알고 있는 내시와 상궁들을 통해 확인하였다. 중종은 키가 크지도 작지도 않은 중간보다 약간 크며, 몸집도 중간이었다. 얼굴은 길쭉하고 코끝이 높았으며 이마 위에는 녹두보다 약간 작은 사마귀가 있었다. 수염은 붉었지만 그렇게 많지 않았고 몸에는 부스럼이 있었다. 특이한 점은 뒤통수가 깎은 듯 평편해서 갓 쓰기가 불편할 정도였다. 또한 평소 침을 많이 맞아 온몸에 흉터가 많았다. 조사관들은 왜적들이 다른 무덤에서 시체를 파서 갖다 놓았을 것이라고 생각했다.

무덤 속 시신을 훼손한 것으로 미루어 보아, 그것은 단순히 보물을 탈취하기 위한 도굴이 아니라 조선 왕조에 위해를 가하기 위한 왜국의 계획적인 만행으로 판단했다.(이긍익, 『연려실기술』)

임진왜란이 끝난 후 조선 조정(선조)은 국교 정상화 협상으로 일본 국왕 사과 국서와 왕릉 파괴 도굴범 압송을 요구했다. 백성이 입은 피해 배상은 뒷전에 밀려 요구하지 않았다.

성종의 어진
(출처: 『선원속보 양원군 파보』)

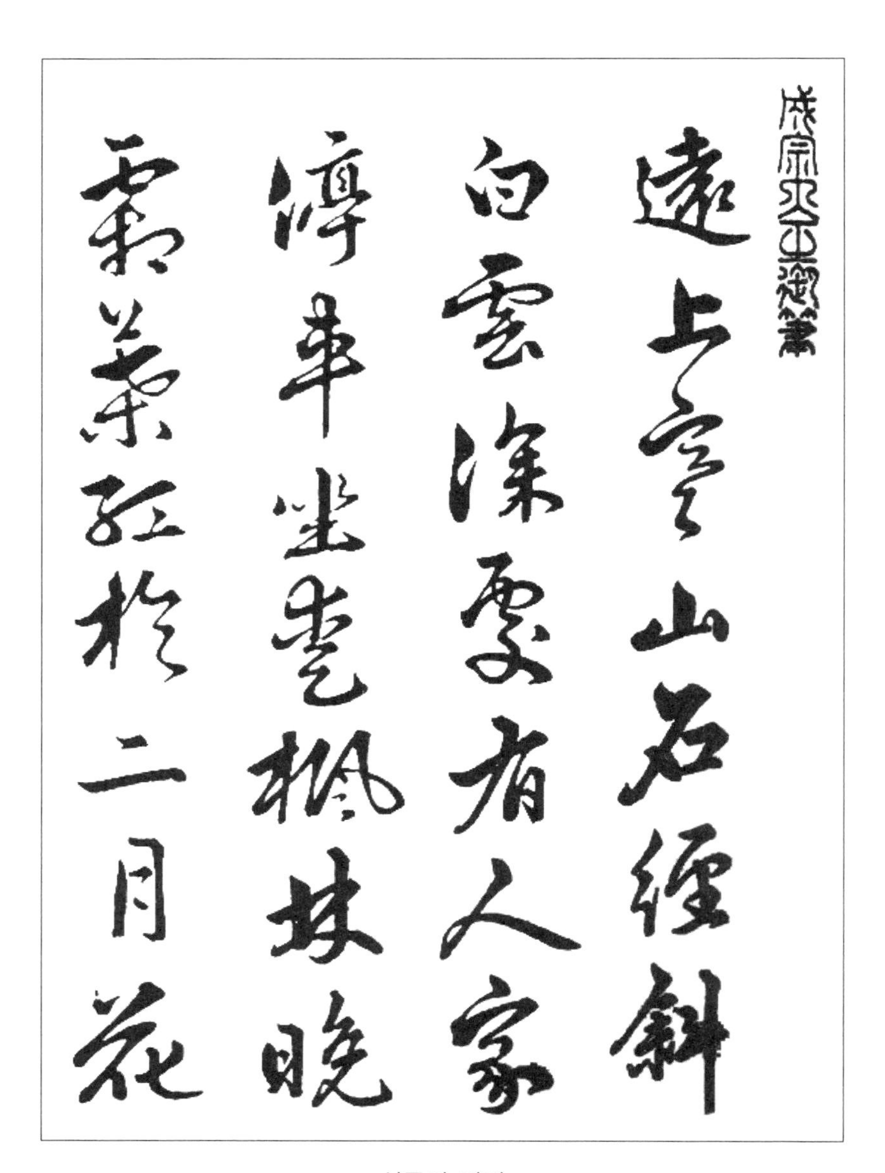

성종의 어필

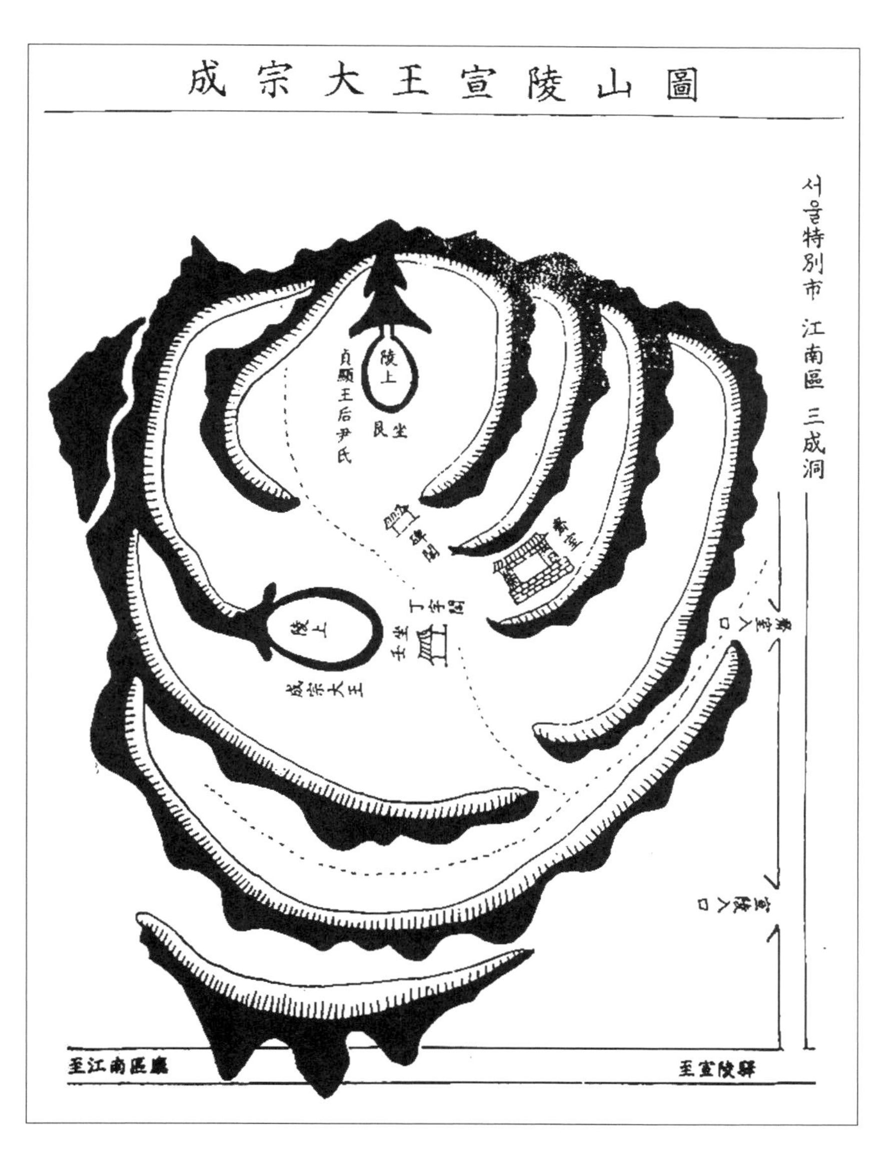
成宗大王宣陵山圖
서울特別市 江南區 三成洞
陵上
貞顯王后尹氏
艮坐
碑閣
齋室
丁字閣
陵上
壬坐
成宗大王
齋室入口
宣陵入口
至江南區廳
至宣陵驛

성종의 선릉 산도

성종의 선릉

성종의 계비 정현왕후 능침

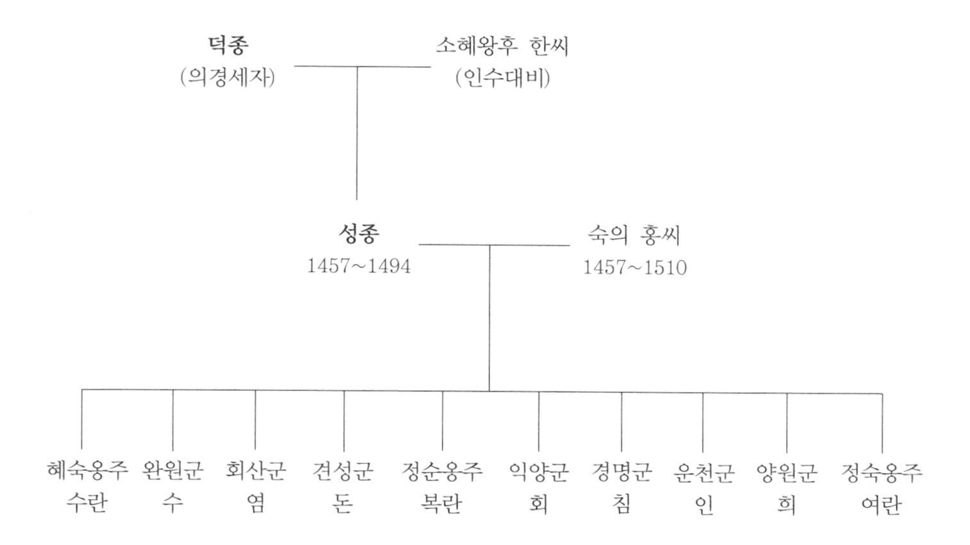

덕종
(의경세자)
소혜왕후 한씨
(인수대비)
성종
1457~1494
숙의 홍씨
1457~1510
혜숙옹주
수란
완원군
수
회산군
염
견성군
돈
정순옹주
복란
익양군
회
경명군
침
운천군
인
양원군
희
정숙옹주
여란

성종의 빈 숙의 홍씨

생몰년

1457년(세조 3년) 7월 25일에 태어나 1510년(중종 5년) 9월 12일 병환으로 향년 54세에 사망했다.

가족관계

아버지는 가선대부, 동지중추부사, 집현전 제학을 지낸 남양 홍씨 홍일동이며 어머니는 남평 문씨 문유질이다.

성종과의 사이에 7남 3녀를 낳았으며 왕의 사랑을 가장 많이, 오랫동안 받은 부인이다.

생애활동

성품이 곧고 정직하고 진실하며 말수가 적고 행실이 엄숙하고 올발랐다. 시어머니 소혜왕후를 정성스럽게 보살피는 바른 생활을 했다. 연산군 때 갑자사화로 인해 직첩을 빼앗기고 궁 밖에서 생활하였으나 중종반정으로 신원이 회복되었다. 묘는 의정부시 녹양동에 있다.

성종과 숙의 홍씨는 1457년 같은 해에 태어난 동갑이다. 한 사람은 궁궐에서, 다른 한 사람은 사대부 가문에서 태어났다. 숙의 홍씨가 궁궐에 들어가게 된 계기는 두 가지로 전해지고 있다.

숙의 홍씨는 어릴 때 아버지를 따라 궁중에 들어와 잔치를 구경하였는데, 이때 자산군(성종)이 숙의의 관상을 보고 "이 아이는 생김새가 보통 사람과 다르니 뒷날 필시 귀한 자식을 많이 낳으리라"라고 하였다.

이어 다른 사람과 혼인을 금하도록 하였고, 더 성장하기를 기다렸다가 궁에 들라 명하였다. 이에 숙의 홍씨가 선뜻 응하지 않고 받아들이려 하지 않자, 임금은 다시 입궐하라고 권하였다.

14세 되던 1470년(성종 1년) 성종은 숙의에게 어의를 보내어 건강상태를 살펴보게 하였고, 또한 대궐에서 궁중의 법도와 왕실의 예절을 알고 익히도록 했다. 입궁한 지 2년이 지난 후, 성종은 숙의와 혼인하여 숙원(종4품)에 봉했다.(성종 왕자, 『선원속보 양원군 파보』)

다른 하나는 양반가 출신으로 궁인으로 입궁했다가 14세 때 성종의 후궁으로 간택되어 1481년(성종 12년) 숙원(종4품)으로 봉해지고 숙용(종3품)과 소용(정3품)을 거쳐 중종 때 숙의(종2품)에 봉해졌다는 것이다.

뒤쪽 궁궐이라는 뜻을 지닌 후궁이 되는 길은 대체로 두 가지로 요약할 수 있다. 하나는 왕비나 세자빈 간택처럼 전국에 금혼령을 내려 사대부 출신 처녀들을 정식으로 간택하여 2~3명의 후보군 중에서 간택하는 후궁이 있다. 양반 명문가 출신이며 보통 숙의로 봉직되어 높은 대우를 받았다. 정비가 죽으면 새 왕비로 봉해지기도 한다.

또 하나는 승은 후궁이다. 대부분 궁중에서 궁녀가 왕의 승은을 입으면 정5품 상궁이 되었다가 왕자나 옹주를 낳으면 종4품 숙원이 된다. 임금의 승은을 입었다고 해서 모두가 승은 후궁이 되는 것은 아니다.

일반적으로 승은을 입은 궁녀는 업무에서 벗어나고 별도의 거처가 마련된다. 승은을 입고도 후궁 책봉을 받지 못하고 상궁에 머물거나 더 낮은 품계에 머문 궁녀들도 있었다. 또한 후궁은 왕이 직접 선택하는 경우도 있지만 세자나 왕자의 첩으로 있다가 남편이 왕이 되면서 후궁으로 책봉된 경우도 있다. 후궁의 지위는 왕의 총애와 왕실에 대한 공헌 즉 자식을 많이 낳는 것에 따라 달라질 수 있었다. 왕자를 낳지 못하거나 특별한 공이 없으면 실록에 기록되지 않는다.

후궁에게는 저마다 일정한 직무가 있었다. 『경국대전』에는 후궁들의 입궁, 승진, 업무 등에 대한 규정은 없다. 그러나 후궁들도 왕과 개인적 관계에만 머물지 않고 왕비를 보좌하는 직무를 맡았다.

정2품 소의와 종2품 숙의는 예의에 관한 일을 살폈고, 정3품 소용과 종3품 숙용은 제사와 빈객에 관한 일을 맡았다. 빈들은 자신이 모시던 임금이 사망하면 왕의 허락을 받고 궁 밖에서 아들과 함께 살았다.

아들이 없거나 왕의 허락을 받지 못하면 궁궐의 어느 한쪽, 별궁에 모여 살았다. 보통 자수궁에 거처했다. 자식이 없는 후궁들은 왕이 죽으면 출가해 비구니가 되기도 했다.

조선 왕은 부인을 12명까지 둘 수 있었다. 왕실의 번창을 위한 필요악 같은 것이다. 자식을 많이 낳아 왕실을 번성케 하는 것은 왕의 책무이자 도리였다. 그래서 역대 임금들은 호색한 이가 아니더라도 끊임없이 후궁을 들이고 자식을 낳았다. 조선 후기로 갈수록 적통 대군을 얻기가 어려워 서왕자들이 왕위에 올랐다.

유교 성리학에 기반을 둔 조선 시대에 아무리 임금의 아들이라 하더라도 적통이 아닌 왕자가 왕위를 계승하는 것은 앞뒤가 맞지 않는 것이다. 조선 왕조 최초로 방계 출신으로 왕위에 오른 선조와 천한 출신의 어머니로 인해 고통을 겪은 영조의 콤플렉스는 조선 왕조의 슬픈 역사이다.

아들 일곱과 딸 셋을 두어 8남 2녀를 낳은 세종과 소헌왕후의 사랑에 버금가는 두 사람의 사랑과 부부애는 놀라울 정도로 깊었다.

일반적으로 왕과 비, 빈 사이에 네다섯 정도 자식을 낳는 것이 보통이다. 왕실에서 빈의 가장 중요한 덕목 중 하나는 왕자를 많이 낳아 왕위를 잇게 하고, 왕비를 도와 의례 및 친잠례에 참석하고 제사 준비와 손님 접대 등을 담당하여 왕실의 안정을 든든하게 유지하는 것이었다.

이렇게 많은 자식을 낳은 숙의 홍씨는 성종으로부터 가장 큰 사랑을 받았다. 다른 후궁보다도 압도적으로 자식이 많다는 사실만 봐도, 왕의 사랑을 가장 오랫동안 받은 것이다. 숙의 홍씨가 매년 자식을 낳을 만큼 두 사람의 사랑은 깊었고, 성종은 숙의를 가장 아끼고 총애했다. 성종이 사망하기 한 해 전까지인 37세 나이에도 막내딸 정숙옹주를 낳았다.(『선원속보 양원군 파보』)

- 1476년(추정, 성종 7년) 20세 때 첫딸 혜숙옹주 수란을 출산했다. 사망연도는 알 수 없다.
- 1480년(성종 11년) 12월 29일 24세 때 첫아들 완원군 수를 낳았다.
- 1481년(성종 12년) 12월 13일 25세 때 둘째 아들 회산군 염을 낳았다.
- 1482년(성종 13년) 26세 때 셋째 아들 견성군 돈을 낳았다.
- 둘째 딸 정순옹주 복란을 출산했다.
- 1488년(성종 19년) 7월 1일 32세 때 넷째 아들 익양군 회를 낳았다.
- 1489년(성종 20년) 8월 18일 33세 때 다섯째 아들 경명군 침을 낳았다.
- 1490년(성종 21년) 11월 24일 34세 때 여섯째 아들 운천군 인을 낳았다.
- 1491년(성종 22년) 2월 12일 35세 되던 해 막내아들 양원군 희가 태어났다.[6]
- 1493년(성종 24년) 37세 때 막내딸 정숙옹주 여란을 출산했다.

1494년(성종 25년) 12월 24일 성종이 병환으로 승하했다. 38세의 젊은 나이였다.

숙의는 슬픔을 이기지 못해 거의 기절하여 목숨을 잃을 상태까지

---

6 『선원속보 양원군 파보』에는 출생연도가 1492년으로 기록됨.

이르렀으며 예禮가 지나칠 정도로 상례를 치르고 삼년상을 마친 후에도 나물밥 반찬에 베옷 차림으로 평생을 살았다. 그 이후 창경궁에 머물면서 덕종비 소혜왕후를 곁에서 세심하고 정성스럽게 모시니, 시어머니 되는 왕대비는 숙의를 매우 사랑하고 귀하게 여겼다.

또한 숙의는 성품이 곧고 진실하며, 말씀이 적고 화려하게 꾸미는 것을 좋아하지 않았다. 자녀들이 재산 장만하기를 요청하자 "너희들은 왜 만족을 모르느냐. 임금의 은혜가 지극히 크신데 더 무엇을 원하고 바라느냐?" 하며 꾸짖었다. 그러면 부끄러워하며 물러갔다.

연산군이 왕위에 오르면서 갑자사화 후 선대왕의 빈들을 매우 무례하게 대하고 형제 왕자들을 살상하기를 마치 원수처럼 했음에도 불구하고, 유독 숙의에게는 조심하고 어려워하여 감히 그 자녀들을 침해하지는 않았다. 평소에 의관을 갖추지 않고 버선도 신지 않은 채 다리를 쭉 펴고 아무렇게나 누워 있다가도 숙의를 보면 반드시 벌떡 일어나 예의를 갖춘 후에 숙의가 물러가면 다음과 같이 말하였다고 한다. "이 보살은 어째서 빨리 사망하지 않는지 모르겠다." 대체로 몹시 마땅치 않아 불평하는 말이다.

보살이라고 말한 것은 숙의 홍씨가 항상 긴 베옷을 입어 마치 여승의 옷차림과 같았기 때문이다. 어쩌면 숙의의 성품이 엄숙하여 연산군도 함부로 오만하게 대하거나 업신여기지 못하였거니와 선왕의 사랑을 독차지한 부인으로서, 또한 일곱 왕자와 세 옹주의 어머니라는 커다란 배경을 가지고 있어 마음대로 대하지 못했을 것이다.

숙의는 성종이 승하한 후에 머리를 깎고 몸에 칠을 하여 쓸모없는 사람으로 자처하며 성품과 행실이 엄숙하고 바른 생활을 하였다. 자녀들에 대한 교훈에도 법도가 있어 아무리 혼란한 시기를 맞았어도 화를 능히 면할 수 있었다.

1504년(연산군 10년)에 일어난 갑자사화로 선왕先王의 후궁들과 종친들이 폐비 윤씨 사사 건에 휘말려 국문을 받아 죽임을 당하고, 유배를 가는 등 많은 어려움을 겪었다.

폐주(연산군)가 숙의 홍씨의 직첩을 빼앗고 숙용으로 한 단계 낮추어 자수궁에서 궁 밖으로 내쫓은 것은 아마도 태어난 시기가 폐비 윤씨와 비슷하고 왕비로 있던 때에 성종의 총애를 가장 많이 받았기에 이러한 일을 저지른 것으로 추측된다. 여러 가지 마음고생이 많았으나 누구를 탓하지 않고 묵묵히 사가에서 생활했다.

중종반정으로 연산군이 폐위(1506년)되고 새 임금 진성대군(중종)이 왕위에 올랐다. 세상이 바뀐 것이다. 숙의 홍씨는 궁에 다시 들어와 신원이 회복되었고 종2품 숙의 직첩을 받아 경복궁 옆 자수궁에서 살게 됐다.(중종 1년 9월 2일)

1510년(중종 5년) 9월 12일 숙의 홍씨가 병환으로 돌아가시니 향년 54세였다. 유언하기를 "뒷날 내게 제사를 지낼 때에 내 어머니(남평 문씨)[7]에게도 제사를 같이 지내도록 하고 내가 입장(묻힐 장소)할 산에 계장繼葬(조상의 무덤 아래에 자손의 무덤을 잇대어 장사 지냄)을 하는 자손이 묘제墓祭(산소에서 지내는 제사)를 지내라"고 하였다. 후손들은 그의 유언에 따랐다.

중종은 부음訃音(사람이 죽었다는 기별)을 듣고 심히 애도하며 수라

---

7 『선원속보 양원군 파보』에는 숙의 모친이 '노씨'라고 기록돼 있다.

상의 음식을 줄이고 술을 삼가며 많은 부의를 보내고 다음과 같이 추모하였다. '가문의 역사가 저 멀리 오래되었도다. 남양의 홍씨여. 이처럼 훌륭한 자질을 받아 태어나신 것은 적선의 결과라. 소혜왕대비를 효도로 받들고 임금을 공경으로 섬겼네. 순수를 간직한 그 마음, 진실이 묻어나는 그 얼굴, 자손들의 번성함은 함께하는 복록이며 아름답고 훌륭함은 후궁들의 모범이라. 스러지지 않도록 기리며 그의 마지막을 기록하네.'(『선원속보 양원군 파보』)

그 후에 양원군의 장자인 함녕군 수선이 별세하여 숙의 묘 서쪽에 예장하니 함녕군 종손들이 봉제사奉祭祀(제사를 받듦)를 지냈다. 비록 숙의의 장손파는 아니나 가르침에 따라 함녕군 이후 종가에서 묘산의 절기제사를 지내고 산 아래 면세권을 주관하였다고 한다.

1510년 11월 8일 예장하였고 묘는 경기도 의정부시 녹양동에 있다. 묘비에는 '숙의 남양 홍씨 지묘'라고 쓰여 있다. 비문은 김영이 글씨를 쓰고 1512년(중종 7년) 5월 5일에 세웠다.

제사에 나물 밥 반찬을 올리라고 유언하였으며 지금도 그 가르침에 따라 제사를 지내고 있다.

묘지기인 늙은 노비들 사이에서 전해오는 말에 의하면, 절사節祀(철, 명절을 따라 지내는 제사) 때에 그릇이 불결하거나 음식 중에 비린 생선, 상하여 냄새가 나는 고기가 있으면 그 일을 주관한 사람이 아팠다고 한다.

숙의 홍씨의 묘

문중의 어른이 오랫동안 숙의의 제사를 지내왔는데, 제사를 지낼 때 신비롭고 이상한 일이 있었다는 소문을 들었으므로 노비나 하인들이 제사를 도울 때에는 각별히 정결하게 하였다고 한다.

숙의의 후손들은 크게 번성하여 조선 개국 이후 왕실의 비·빈 중에서도 으뜸에 속하고 있다. 왕자의 후손 중에 고관대작이 지금까지 이어지면서 빛을 발하고 있으며 명문 귀족이 그 외척 관계인 경우가 적지 않으니 인선왕후(효종 왕비), 인현왕후(숙종 두 번째 왕비), 인원왕후(숙종 세 번째 왕비)는 모두 외척이다.(『선원속보 양원군 파보』)

2020년 11월 7일 숙의 홍씨의 '묘역과 묘갈'이 의정부 향토 문화재 제23호로 지정되었다.(선릉왕자파동종회, 『선릉저널』, 2020.12)

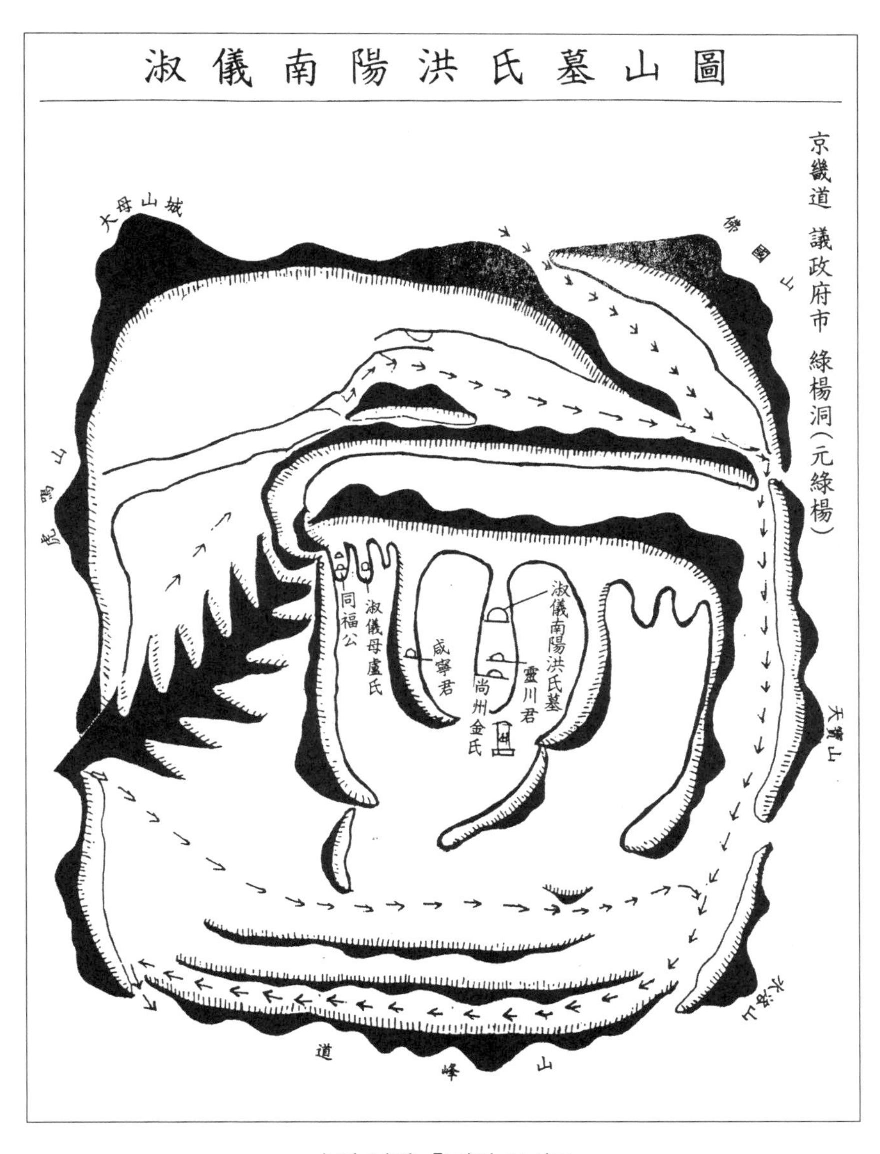

淑儀南陽洪氏墓山圖
京畿道 議政府市 綠楊洞(元綠楊)
大母山城
佛國山
天寶山
水落山
道峰山
同福公
淑儀母盧氏
咸寧君
淑儀南陽洪氏墓
靈川君
尚州金氏

숙의 남양 홍씨의 묘산도

先祖母淑儀南陽洪氏墓碣銘并序
淑儀洪氏墓碣銘 篆額 横建
有明朝鮮國淑儀洪氏墓碣銘 直書 楷
秉忠奮義靖國功臣崇祿大夫工曹判書
五衛都摠府都摠管晉川君姜渾撰
承議郎弘文館副校理知製教兼經
筵侍讀官春秋館記注官金瑛書
按洪氏世家南陽有諱 悅佐高麗太祖位至重

숙의 홍씨의 혈통적 근원과 내력을
전주 이씨 가승에 기록되어 있다.

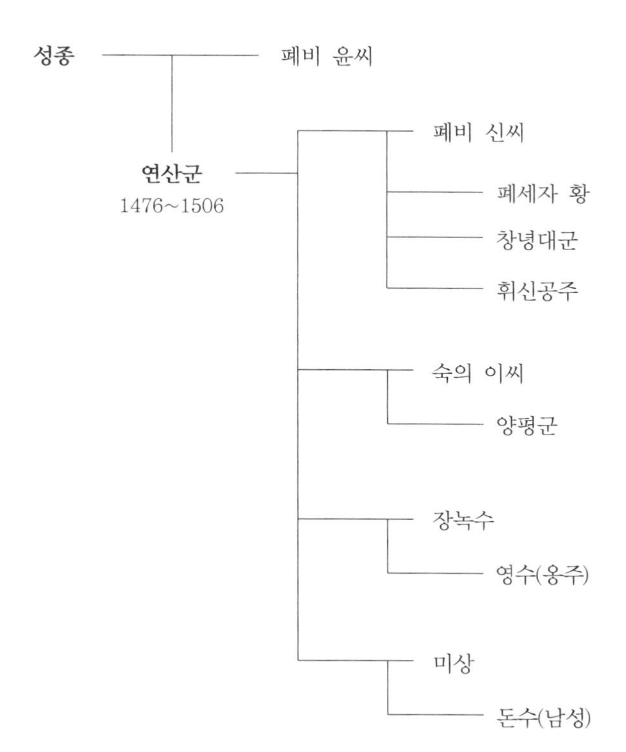
성종
폐비 윤씨
연산군
1476~1506
폐비 신씨
폐세자 황
창녕대군
휘신공주
숙의 이씨
양평군
장녹수
영수(옹주)
미상
돈수(남성)

연산군은 우리에게 어떤 왕이었는가?

평소 시를 잘 짓고 능했으며 동생 왕자들의 잘못이 있을 때 벌을 주는 대신 따뜻한 마음으로 타일러 형제간의 우애를 지킨 기록을 실록에서 엿볼 수 있다. 혹시라도 은정이 상할까 염려되니 뒤에는 옳지 않은 일을 하지 말라 하였다. 반정에 의해 폐왕이 되어 포악하고 무능한 임금으로 부정적인 기록이 많이 남아 있다.

연산군 융은 1476년(성종 7년) 11월 7일 성종의 적장자로 태어났으며, 16명의 형제 중 만형이다. 어머니는 성종의 첫 번째 후궁이었으나 연산군을 잉태하면서 왕비에 오른 윤기무의 딸이다. 세자 시절 연산군은 허침, 조지서 등에게서 학문을 배웠으나 억세고 자기주장이 강했던 생모 윤씨의 영향을 받아서인지 공부에 흥미가 없었으며 시, 그림을 좋아하였고 노래, 춤 특히 처용무를 즐겼다.

연산군이 처용무를 추면 다들 넋을 잃고 바라보았고, 죽은 자의 우는 연기를 하면 모두 따라 울어 연회장이 통곡의 자리로 바뀌곤 하였다. 예술가의 기질이 있었던 것이다.

성종은 이러한 점을 제왕으로서의 자질이 부족하다고 생각하여 미덥지 않게 여겼다.

성종은 세자의 스승들에게 더욱 엄격하게 가르치라고 했다. 그러나 스승들의 권계는 연산군의 반발심만 키울 뿐이었다. 12년간 세자 수업을 거쳐 성인이 된 연산군은 1494년 12월 아버지 성종이 사망하자 왕위에 올랐다. 매우 순조로운 조건에서 왕위를 물려받은 것이다. 연산군은 백옥같이 고운 피부에 키가 크며 허리가 호리호리했고, 눈이 충혈돼 있었다고 『연산군일기』에 기록하고 있다. 임금에 오른 지 6개월 후 전국에 암행어사를 파견하여 백성들의 생활을 살피고 관리들의 기강을 바로잡았으며 인재 확충의 방안으로 별시 문과를 실시하였다.

북방 여진족의 침입이 계속되자 조선에 귀화한 여진인으로 하여금 그들을 회유시켜 변방 지역의 안정을 꾀하였다. 비융사를 두고 병기를 만들어 국방에 강한 의지를 보였고 『국조보감』, 『여지승람』 등을 편찬하여 학문을 장려했다. 또한 문신의 사가독서 제도를 다시 실시하여 유능한 문신들에게 휴가를 주어 독서에 전념하도록 하는 등 학문의 질을 높이고 조정 내 학문의 풍토를 만들었다.

연산군이 왕위에 올랐을 때 백성들의 삶은 어려웠고, 조세제도의 부조리로 양반의 부담은 줄어들었으나 백성들의 부담은 극에 달한 상황이었다. 관청에서는 공물을 더 많이 걷었고, 군역을 지는 양인 장정에게 군포까지 걷기 시작했다. 게다가 그 많던 왕실 토지도 임금의 자녀들에게 나누어 주어 왕실의 재정은 비어있었다. 왕실 재정의 악화는 자연스럽게 왕권의 약화로 이어졌다. 연산군은 즉위 초기부터 신료들과의 소통 부족으로 문제가 있었다.

여러 가지 이유를 들어 경연에 잘 나오지 않거나 연산군의 부도덕을 건의한 환관 김순손을 유배 후 죽이려고 하였고, 성종의 상중에 기생과 동거한 외척 윤탕로의 탄핵을 거부하는 등 대간들과 여러 문제로 대립했다.

이러한 소통 부족과 대립이 결국 사화로 이어졌고, 보위에 오른 4년째부터 패악한 본성이 나타나기 시작했다. 그에게 중대한 결함은 어머니 윤씨가 폐비되어 사사되었다는 사실이다. 이것은 충격적이고 비극적이지만 궁중에서 일어날 수 있는 암투와 치정의 일이다. 국왕과 국정에 대해 광범위하고 강력한 간쟁과 감찰을 기본 임무로 하는 사헌부, 사간원, 홍문관은 비판적 언론기관으로 그 위상이 매우 높았다.

국가의 기본 법전인 『경국대전』이 1485년 완성됨으로써 모든 국가 관서는 그 기능을 법률적으로 보장받았다. 세조 이후 과도하게 팽창된 대신들의 권력을 약화시키려는 국왕의 의도가 작용함으로써 삼사의 순기능은 확고히 자리 잡았다.

이것은 대신과 삼사가 견제와 균형을 이룬 상태에서 국왕이 최고의 결정권을 행사하는 수준 높은 유교 정치를 구현할 수 있는 중요한 발전이었다. 조선은 왕권 국가이기도 했지만 그 왕권을 지탱해주는 힘과 견제하는 힘은 양반 관료에게서 나왔다. 그들은 왕의 신하였지만, 때때로 왕권을 능가하는 발언권을 행사하였다. 연산군은 이런 체제가 마음에 들지 않았다. 유교적 이념을 중시하는 양반 관료들은 왕의 수신을 가장 큰 덕목으로 여기며 임금의 말과 행동을 비판하거나 훈계하려 들었다. 어릴 때 학문에 흥미를 느끼지 못했던 연산군은 신하들이 높은 학문을 자랑하며 가르치려고 드는 그들의 태도에 염증을 느꼈다.

그러나 왕권은 상대적으로 약화된 구조였다. 연산군은 조선의 통치이념인 유교 윤리를 거부했으며 왕권의 강화를 통해 강력한 절대 권력을 추구하려 했다. 이런 과정에서 사림들은 유교적 이상주의 국가를 꿈꾸며 부패한 훈신들을 탄핵하고 왕에게도 직언을 서슴지 않았다. 훈신들에게는 이들 사림이 눈엣가시였다.

임금의 통치 목표에 저해되는 모든 말과 행동은 '아랫사람이 윗사람을 업신여긴다'는 의미의 능상凌上으로 규정했고, 재위 기간 중 그것을 없애는 데 전력을 기울였다. 그 대상이 처음에는 삼사였으나, 점차 신하 전체로 옮겨가고 있었다. 그렇게 능상의 혐의가 번져가는 과정은 폭정의 격화와 같은 의미이다. 즉위 후 서서히 왕권이 안정되어가자 연산군과 삼사는 성종의 명복을 비는 불교식 행사인 수륙재와 외척의 등용, 폐모된 어머니의 능묘천장 등 많은 사안에서 삼사의 유생들과 갈등 및 대립이 깊어갔다. 대신과 삼사의 언쟁은 격화되었고, 영의정 노사신은 대간의 간언을 거부한 임금의 행동을 '영주의 위엄 있는 결단'이라고 칭송했다. 사간원 정언(정6품) 조순은 '그런 노사신의 고기를 먹고 싶다'고 극언을 했다. 이러한 과정을 거치면서 연산군과 대신들은 삼사의 폐단이 매우 심각하다는 것을 알게 되었다. 그 첫 번째 숙청 작업이 무오사화였다

1498년(연산군 4년)에 일어난 조선 최초의 사화인 무오사화는 직접적인 발단이 세조를 비판하고 붕당을 만들어 국사를 어지럽게 한 김종직의 불온한 문서 '조의제문'과 김일손의 사초였지만, 궁극적인 목표는 삼사에 대해 능상을 경고한 것이다. 유자광의 고변을 계기로 연산군과 대신들은 치밀한 계획 아래 숙청을 단행했다. 사화에서 벌을 받은 사람은 52명으로 많지 않으나, 삼사에 대한 경고로 임금과 갈등을 빚으며 왕권을 견제했던 삼사의 역할이 크게 줄어들었고, 또한 그들은 몸을 낮추었다.

이미 죽은 김종직을 부관참시하고, 사초에 조의제문을 실은 김일

손은 능지처참했다. 많은 신진 사류와 삼사에 속한 대간들은 숙청되었다. 연산군은 무오사화를 통해 삼사를 제압해서 얻은 강력한 왕권을 국정개혁이나 백성을 위해서가 아니라 오로지 자기 자신의 욕망을 채우는 데 사용했다.

또한 정치적 구상을 본격적으로 실행할 수 있는 분위기였으나 연산군은 결정적인 판단 착오를 일으켰다. 자신의 욕망에 대한 충족과 해소를 자유로운 왕권 행사와 혼동하여 사간원을 폐지하고 정치 논쟁을 막기 위해 경연을 없애는 등 많은 과오 속에 연회, 사냥, 금표 설치, 민가 철거, 음란한 행실과 발언의 통제 등을 통해 주색에 빠지는 등 이해할 수 없는 행동으로 치달았다.

사치와 향락은 궁극적으로 과도한 재정지출로 이어져 국고의 탕진으로 국가 경제가 파탄에 이르렀다. 민생의 부담과 재정의 유용은 격증했다. 이 모든 부담이 백성들의 몫이 되었다. 이처럼 왕권의 일탈이 심각해지자 삼사는 다시 간쟁을 시작했다. 연산군은 방탕한 생활에서 오는 재정난을 메우려고 훈구파 재상들의 토지를 몰수하려 했다. 그들은 크게 반발하며 연산군의 이러한 횡포를 억제하려 했다.

이런 흐름에 대신들도 동참함으로써 정국은 대신과 삼사가 연합하고 연산군이 고립되는 형태로 변모해갔다. 본원적으로 견제와 비판의 관계에 있는 대신과 삼사가 인식을 공유했다는 것은 이 시기에 연산군의 폭정이 얼마나 심각했는가를 보여준다. 이러한 상황은 임금에 대한 능상의 풍조가 삼사뿐만 아니라 조정 대신들에게도 만연한 것으로 보고 무오사화와 같이 간접적이며 제한적인 숙청으로는 해결할 수 없다고 연산군은 판단했다.

갑자사화(1504년, 연산군 10년)가 시작됐다. 갑자사화는 239명이라는 많은 관리가 피해를 입어 죽음이 절반을 넘었다. 가혹한 숙청으로 92명의 삼사 관리가 처벌되어 외형적으로는 20명의 대신보다 많이 벌을 받았지만 당시 거의 모든 대신이 사형 등을 당하여 실제적으로는 피해가 더욱 치명적이었다. 1504년 손녀를 궁중으로 들이라는 연산군의 어명을 거역하였다는 죄목으로 경기도 관찰사 홍귀달이 숙청되었다. 후궁 간택을 거부한 것이다.

이 사건이 확대되면서 생모인 폐비 윤씨 문제로 번졌다. 갑자사화와 관련된 또 하나의 문제는 어머니 폐비 윤씨의 비참한 죽음을 임사홍을 통해 알게 되면서 광기 어린 보복을 자행했다는 것이다. 폐모 사건의 보복은 숙청의 규모를 확대시키는 데 중요한 작용을 했다. 표면적으로는 연산군이 억울하게 죽은 어머니의 한을 풀어준 복수극처럼 보였지만, 실제로는 연산군이 권력을 독점하기 위한 것이었다. 이 또한 '능상을 척결'이었다. 폐모 사건은 선왕인 성종의 잘못된 판단을 저지하지 못해 연산군을 참적(부모가 자식을 잃는 것과 같은 지극한 슬픔)의 고통으로 빠뜨렸다는 이유에서 가장 심각한 능상으로 간주되었던 것이다.

『조선왕조실록』에 의하면 연산군은 보위에 오른 직후 어머니가 사사되었다는 사실을 알았다. 그날 수라를 들지 않았다는 기록으로 보아 연산군의 비통함을 알 수 있다.(연산군 1년 3월 16일)

조선 시대에는 의학이 발달하지 못해 아이들이 어렸을 때 죽는 요절을 하는 경우가 많아 왕실은 후사를 많이 두어야 왕조를 보다 굳건히 유지할 수 있다고 생각했다.

후궁을 선발하기 위한 간택령이 내려졌고 훈구파 대신 홍귀달의 손녀도 후궁 후보자 중에 한 사람으로 선택되었다. 홍귀달은 반대하여 손녀를 후궁 후보자로 보낼 수 없다는 내용의 상소문을 올렸다. 이에 연산군은 폐비 윤씨가 사사될 때 사약을 가져간 이세좌가 술주정을 빙자하여 자신의 옷인 어의에 술을 엎지르는 것을 비롯하여 자신이 어진 정사를 펼치려고 할 때마다 선왕인 성종을 언급하며 '선왕은 그러하지 않았습니다', '전하 아니되옵니다'라는 말로 막았고, 훈구파 대신들이 임금이 어려 왕을 우습게 본다면서 대노했다.

연산군은 자기 자신의 권위를 높여 왕권을 강화함과 동시에 자신의 어머니 폐비 윤씨를 폐서인시켜 사사할 것을 성종에게 주청한 훈구파 대신들과 사림파 관료들을 죽음으로 내몰았다.

연산군이 그토록 광폭하고 난잡한 성품을 가지게 된 계기를 주로 어머니를 잃은 사실에서 찾으려는 견해도 있다. 그러나 『연산군일기』에는 '본래 시기심이 많고 모진 성품을 가지고 있었으며 또한 자질이 총명하지 못한 위인이어서 문리文理에 어둡고 사무 능력도 없는 사람'으로 낮게 평가하고 있다. 아마도 중종반정 후 집권 세력인 서인들에 의해 평가되었기 때문일 것이다.

성종의 후궁이었던 귀인 정씨와 엄씨의 모함으로 윤씨가 내쫓겨 사사되었다고 해서 자기 손으로 두 빈을 죽여 산야에 버리는 포악한 성정을 드러냈다. 할머니 인수대비를 머리로 들이받아 죽게 했고(『연려실기술』 기록) 윤씨 폐비에 찬성하였다 하여 윤필상, 이극균, 이세좌 등 많은 대신을 살해했다. 죽은 한명회 등은 부관참시를 당했다.

또한 임금의 난행을 비방한 투서가 언문(한글)으로 쓰이자 한글 교습을 중단하고 언문 구결을 모조리 불태웠다.

한편 각도에 채홍사, 채청사 등을 파견해서 미녀와 좋은 말을 구해오게 하고 성균관 학생들을 몰아내 홍청[8]들의 놀이터로 삼았다.

갑자사화 이후 중종반정으로 폐위되기까지 2년 반 동안은 극심한 폭정이 휩쓴 시기였다. 연산군은 모든 행동에 제약을 받지 않음으로써 자신이 갈망한 왕권 회복이라는 '능상의 척결'을 온전히 구현할 수 있었지만 그의 내면은 서서히 파괴되고 있었다.

연산군의 전횡을 막을 세력이 없어져 그 피해가 백성들에게 미쳤다. 조정에는 바른말을 하는 대신들이 사라지고 김처선 같은 환관도 바른말을 하다가 죽임을 당했다. 유생과 하급 문신들이 높은 자리를 얻기 위해 연산군의 가마를 메는 일도 있었다. 능상의 척결을 목표로 신하들을 길들이려는 연산군의 목표는 실패였다.

연산군은 조선 제10대 국왕으로 재위 기간(1494.12~1506.9)은 11년 9개월이다. 15대 왕 광해군과 함께 폐주된 임금이다. 『선원계보기략』에도 묘호와 능호 없이 왕자의 신분으로 기록되어 있다.

일반적으로 임금에게 부여되는 '종' '조'가 아닌 '군'으로 묘호가 붙었고, 재위 기간 중 일어난 일을 기록한 기록이 '실록'이 아니라 '연산군일기'로 불렸으며, 종묘에서도 배제되고 격실을 갖춘 '능'이

---

8 대부분 기생 출신이 많았으나 여염집 처자도 있었다. 이들 여인을 '운평'이라고 했는데 이 중에서 대궐에 머물게 한 여인을 '홍청'이라 불렀다.

아니라 초라한 '묘'에 안치되어 있다.

이는 반정으로 임금의 자리에서 물러났기 때문이다. 길지 않은 재위 기간 두 번의 사화를 일으켰고, 극도의 폭정을 자행하다가 결국에는 반정(폭군을 폐위하고 새 임금을 받들어 나라를 바로잡음)으로 폐위됐다.

연산군은 조선 왕조 개국 100년의 조선조에 한 시대의 획을 긋게 하여, 이후 50년을 '사화'라는 유혈극이 잇따라 일어나 선조 대에 이르러 정치 세력들이 붕당으로 갈라지는 계기가 되었다. 이들 당파 간 극한 대립으로 국력이 소진되어 임진왜란과 정묘호란, 병자호란으로 이어지면서 100여 년 동안 조선의 국운은 참혹하리만큼 쇠퇴했다.

이러한 역사적 사실에 기초한 부정적 평가는 이미 그 시대에 확고히 내려졌다. 연산군이 자기 자신의 치세를 파탄시킨 직접적인 원인과 책임은 그에게 있다. 조선의 왕이었기 때문이다.

그가 보여준 심리적 행동은 분명히 정상이 아니고 부당한 측면이 많았다. 중종반정은 신하들이 주도하여 왕을 몰아낸 최초의 사건이다. 왕권 국가 조선에서 신하가 임금을 몰아내는 초유의 사태는 조선 사회의 양반 관료 체계가 얼마나 견고한 조직인지를 보여주는 사례로, 절대 왕조 권력을 꿈꿨던 연산군은 왕권 강화를 위해 자신에게 방해가 되는 양반 관료 체제를 붕괴시키려 했다.

그러나 조선의 양반 체제는 무너지지 않았고, 반정의 명분을 빌려 왕을 갈아치웠다. 만약 연산군이 현명한 군주였다면 훈구파와 사림파 간 서로를 견제시켜 세력 균형을 유지하면서 왕권을 강화해 정국을 주도적으로 이끌어 갈 수도 있었을 것이다. 아쉽게도 힘의 논리를 잘 이해하지 못하고 전권을 휘두르다가 파국을 맞았다.

왕권과 신권이 서로 대립하다가 그중 한 세력이 커지면 다른 세력이 그를 뒤엎고 정권을 장악하여 국가를 다스렸던 정변의 역사이다.

유교적 이상향을 꿈꾸었던 조선의 사대부들은 임금을 절대적인 신적 존재라기보다는 사대부의 우두머리라고 생각했다. 연산군은 시도 잘 지었다. 예술가 기질이 많았던 것 같다. 그러나 궁중의 권력투쟁에 연루되어 폐왕으로 남게 되었다. 교동에 안치되어 2개월 만에 화병火病으로 31세의 젊은 나이에 사망했다. 부인 신씨를 보고 싶다고 했다. 백성들의 고단한 삶을 위로하고, 희망을 주려는 배려심과 공감 능력이 부족하다 보니 백성들에게서 버림받았다. 또한 역사의 냉엄한 평가를 받을 수밖에 없었다. 참으로 슬픈 역사이다.

왕자들의 삶은 어떠하였는가?

임금의 아들인 대군과 왕자들은 궁중에서 태어나 자라다가 일정한 나이가 되면 왕비 소생은 군을 거쳐 대군으로, 빈 소생은 군으로만 봉해진다.

왕자들의 품계는 없으며 정1품보다 높다. 이는 왕자들의 지위가 국가의 최고위 관리보다 더 높았음을 의미한다. 국왕의 아들이더라도 어머니가 양인이거나 천인일 경우 정1품에서 종2품까지 4단계로 나뉜다. 왕세자나 대군의 자식일 경우에는 아버지보다 한 등급이 낮아진다.

세자를 제외한 왕자들은 봉작을 받으면 보통 12~14세 때에 두세 살 연상의 여성과 혼례를 치른 후 궁궐을 떠나 민간에서 사는 것이 원칙이다. 왕자녀를 위해 궁 밖에 제택을 마련하였는데 이러한 임금 자녀의 집을 '궁집' 또한 '궁가'라고 불렀다. 대부분이 혼인할 즈음에 제택을 마련하였으며, 법으로 허락한 집의 크기는 대군은 60칸, 왕자와 공주는 50칸, 옹주나 종친은 40칸 등이었다.

궁가를 마련하기 위해 주변의 집들이 강제로 철거되는 경우가 많아 백성들의 고통을 가중시키는 하나의 원인이 되기도 했다. 왕자녀가 궁을 떠날 때는 집만 주는 것이 아니라 살아가는 데 필요한 경제력을 얻을 수 있도록 땅과 염전(세금을 거둘 수 있는 수조권 지급), 전지(땔나무를 얻을 수 있는 야산)를 비롯해 많은 노비를 하사했다.

이외에도 주기적으로 왕실에서 녹과 공상을 내려주었다. 이러한 혜택도 왕의 적서 자녀에 따라 차별이 있었다. 후궁의 자녀인 경우 그 어머니인 후궁의 영향력이나 정치적 배경에 힘입어 재산을 많이 받아 잘 먹으면서 권세를 누리며 살다간 왕자녀가 많았다. 간혹 끼니 때우기도 힘들 만큼 가난하게 살아간 왕자녀도 있었다. 왕자들은 왕자의 지위를 마음껏 누리면서 대체로 편안한 생활 속에 사회적으로 양반 이상의 대우를 받았다. 임금의 혈육으로서 명예와 부를 누렸고 정치 상황에 따라서 임금에 오를 수도 있는 특별한 지위에 있었기 때문이다.

왕자가 왕위를 이어받는 특별한 경우는 대략 두 가지가 있다. 하나는 신하들이 반정을 일으켜 성공하는 경우 국왕으로 추대되는 것이다. 연산군이 실정으로 폐위되고 중종이, 광해군이 물러나고 인조가 보위에 오른 일이 있었다.

또 하나는 국왕이 아들이나 손자가 없이 사망할 경우에 왕실의 최고 어른인 대비에 의해 후계자로 지목받는 것이다. 명종, 선조, 철종, 고종이다. 명종은 인종이 사망 전 양위에 의해 궁 밖에 살다가 들어와 임금이 되었고, 선조는 명종이 사망하기 전에 언급한 말을 상기하면서 인순왕후에 의해 덕흥군의 3남 하성군 균이 왕위를 계승했다. 조선 최초로 방계에서 왕위에 오른 것이다.

철종은 대왕대비의 결정권에 의해 사도세자의 아들 은언군의 손자 강화도 원범이 덕완군으로 봉해진 후 임금에 올랐다. 고종은 철종이 후사 없이 사망하자 대왕대비에 의해 언문교서로 흥선군 둘째 아들 명복을 익성군으로 봉한 뒤 보위에 올랐다.

철종과 고종은 군으로 봉해지지 않은 상태였으므로 군으로 봉한 후 관례까지 치른 다음에 즉위식을 거행했다.

왕족에 대한 경칭은 대감으로 불렀다. 군호를 같이 섞어서 OO군 대감이라 했다. 세자가 아닌 왕자들은 조용히 살다가 죽는 것이 가장 무난한 삶이었다. 왕자나 공주의 삶은 대체로 따분했다. 관직에 들어갈 수도 없어 소일거리로 평생을 보내는 경우가 대부분이었다.

4대까지 국가에서 녹을 받기 때문에 특별한 일을 하지 않았고, 지친으로서 종친부[9] 일에 참여하였다. 왕자들 중에는 혼자 힘으로 집도 마련하고 재산도 모아 학문에 뜻을 두고 풍류를 즐기면서 온전하게 일생을 마쳤다. 종친들에 대한 특혜 가운데 하나는 형벌과 군역상의 면책 특권이다. 나라에서 종친을 존대하여 죄를 범하는 일이 있더라도 곧바로 잡혀가지 않았고, 임금의 허락이 있어야 조사를 받았다.

만약 체포되거나 하옥되더라도 쇠사슬과 같은 형장을 차지 않았다. 다만 파직하고 노비를 회수할 뿐 태장을 가하지 않는 것은 왕실의 계통이 중요하기 때문이다.

역모 죄가 아닌 이상 고문을 받지 않았으며 실제로 벌을 받더라도 다른 사람에 비해 감형을 받았다. 반면에 일반 백성이 종친에게 죄를 지으면 무거운 벌을 받았다. 또한 9대까지는 절대로 천민이 되지 않았다. 종친은 왕가의 피가 흐르고 있기 때문이다. 5대손부터 9대손까지도 일반적인 차원에서 관례 대상으로 왕의 친척으로서 적절한 예

---

9 왕실의 계보와 초상화(어진)를 보관하고 국왕과 왕비의 의복을 관리하며 종반(宗班)을 다스리던 관아이다. 경복궁 건춘문 맞은편에 위치하였고 옆에는 의빈부가 있었다.

우를 받았다. 10대부터는 종친에서 완전히 제외된 일반 백성이 되었다. 종친에 관한 일들은 모두 종친부와 종부시에서 관장하였다. 두 관청의 명예직 품계와 관직을 모두 종친들에게 제수하여 특별하게 대우했다. 실제로 관직에 종사하지 않았더라도 품계에 따라 왕실에서 지원을 받았다. 종친은 남자 친척을 말하는데, 임금의 8촌까지(증조할아버지가 같은 경우)이며 대군은 5대손까지, 군왕자의 자녀는 4대손까지 종친부에 소속되어 정식으로 왕족으로 인정받았다.

임금의 현손 이내의 종친은 유복친有服親들이다. 종친부에서 하는 일에 대해 의정부가 간섭할 수 없었으며, 『경국대전』에 종친부는 의정부보다 우위에 있는 관사로 모든 관사의 우두머리라고 했다. 종부시는 왕실 족보를 작성하고 종실들의 비위 사실을 감독하는 기능을 맡았다.

왕자들에게 좋은 일만 있는 것은 아니었다. 그렇지 못한 경우가 많았다. 역모 사건이다. 본인의 의도와는 아무 상관없이 타인의 입에 오르내리면 신하들로부터 거침없는 탄핵을 받았고, 권력 대립에 의해 역모로 몰려 귀양 가거나 사사되기도 했다. 아무리 똑똑하고 잘났다 하더라도 할 수 있는 일이 거의 없었다. 역모 사건은 종친들이 주도해서 일으키는 것보다는 주위 사람들이 알게 모르게 추대하는 경우가 많았기 때문에 언제 어떻게 역모로 몰리게 될지 알 수 없어 지위가 불안정한 경우가 많았다. 권력다툼 틈바구니에서 왕자들은 숨죽이고 살아야 목숨을 부지할 수 있었다. 특히 연산군은 포악하기까지 하여 진성대군 역은 정말 조용하게 살았다.

종친들은 의례적인 왕실의 행사에만 참여하고 나라의 중요한 일에 대해 편전에서 임금에게 의견을 아뢰는 역할만 할 뿐 정사에 간섭하는 것을 철저히 막았다. 정치적 발언은 왕의 권한에 대한 도전으로 간주하여 금지됐다. 그러므로 외척이 득세하는 일이 있어도 종친이 득세하는 일은 거의 없었다. 왕족이라 하여 경제적 특권과 혜택이 있었으나 임금에 오르지 못한 왕자들은 궁궐에서 간섭과 통제가 심했다. 거주지 제한도 있었다. 지위 남용과 모반 방지를 위해 원칙적으로 한성부에서 생활하도록 제한하였기 때문이다. 종친들은 특별한 일이 아니면 서로 왕래하거나 잘 만나지도 않았다. 그것은 행여 형제나 종친끼리 모여 무언가를 모의하거나 일을 벌이지 않을까 하는 감시의 눈초리 때문이었다. 매사에 임금의 눈 밖에 나지 않으려고 몸조심했다. 그러나 여자 형제 또는 같은 또래 종친을 찾거나 만나는 것엔 문제가 없었다.

조선 초기에는 왕족들도 다른 신하들처럼 과거 시험을 통해 관직에 나가 벼슬을 할 수 있었다. 조선 시대 왕 중에 처음이자 마지막으로 과거에 급제한 이는 태종 이방원이다. 개국 초기에 왕자들 간에 참혹한 왕위 쟁탈전을 겪은 이후 종친들이 정치에 참여하는 것을 금지했다. 그중에서 예외라면 계유정난을 일으켜 권력을 장악한 수양대군이 있다. 그는 대군임에도 영의정, 이조판서, 병조판서를 겸임했다. 종친 구성군 사건 이후 '종친사환금지법'이 만들어져 왕실과 8촌 이내의 종친들은 과거 시험에 응시하거나 벼슬을 할 수 없게 했다. 단지 명예직 이외는 관직을 받을 수 없어서 왕실에서 주는 봉록으로 살아가야 했다. 간혹 과거를 통해 관직에 진출하는 경우도 있었지만, 종친이기 때문에 오히려 불이익을 당하는 경우도 많았다. 5대손 이상 지나야만 종친에서 벗어나므로 과거 시험을 쳐서 벼슬을 할 수 있었다.

많은 종친들은 나들이를 할 때 백성들이 드나드는 주막에서 밥 한 그릇에 막걸리 한 잔 사 먹고 다리쉼을 하다가 갈 뿐이었다. 그러나 때때로 종친들이 관아에 찾아가 고을 관리에게 신세 지는 일도 있었다. 음식은 물론 주안상에다 기생들까지 불러들여 질펀하게 지내는 경우가 있어 지방 관리들에게 피해를 주곤 했다.

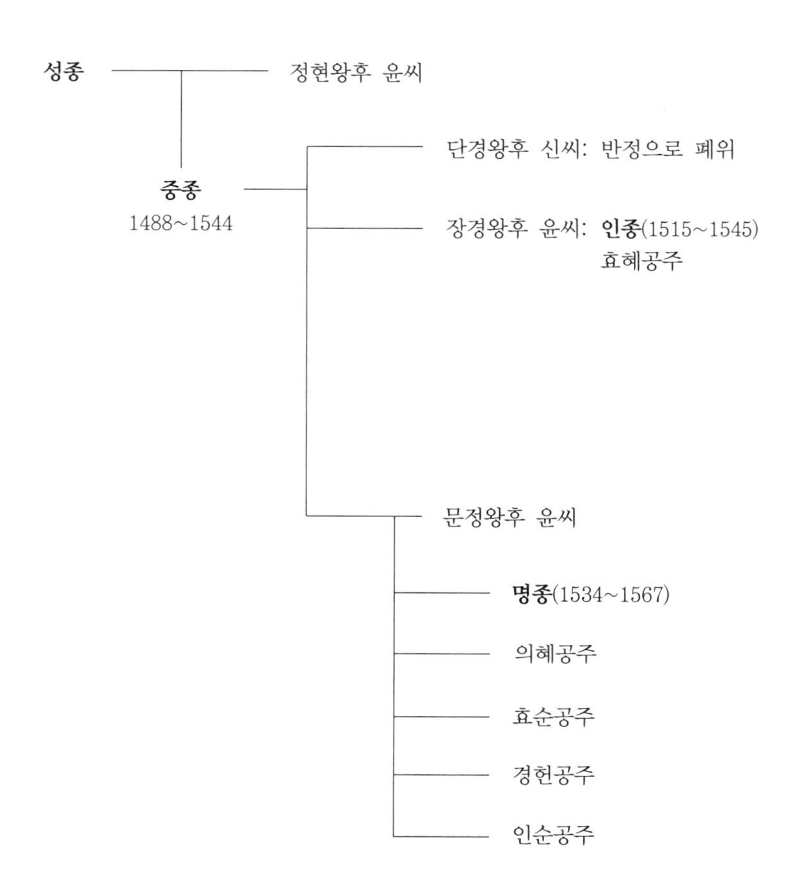
성종
정현왕후 윤씨
중종
1488~1544
단경왕후 신씨: 반정으로 폐위
장경왕후 윤씨: 인종(1515~1545)
효혜공주
문정왕후 윤씨
명종(1534~1567)
의혜공주
효순공주
경헌공주
인순공주

중종 中宗

(1488~1544)

연산군의 이복동생으로, 서열상으로는 왕위에 오를 수 없었으나 성희안, 박원종, 유순정 등이 일으킨 반정(1506년 9월 2일)으로 연산군이 폐위되면서 임금이 되었다. 18세 때였다. 반정에 성공한 후 자순왕대비(정현왕후)의 교지를 받아 그날로 즉위식이 이루어졌으나 예식에 갖춰야 할 면류관이 없어 익선관(왕이 평시에 착용하는 관)을 쓰고 즉위식을 거행했다.

성희안의 어머니는 종실인 덕천군(정종 아들) 이후생의 딸이다. 성희안은 성종의 총애를 받던 훈구파로, 연산군 때 이조참판까지 벼슬을 하였으나 연산군의 횡포를 풍자한 시를 지어 바침으로써 좌천되었다. 이러한 연유로 역심을 품은 성희안은 박원종을 거사에 끌어들였다. 박원종은 월산대군(성종의 형) 부인 박씨의 동생이다. 연산군에 대해 불만이 많았고 무인 출신이라 군사를 동원하는 데 유리하여 성희안의 반정 계획에 적극적으로 응했다. 반정 전날, 박원종은 신수근과 장기를 두다가 궁을 바꾸어 두자고 했다. 반정을 암시한 것이다. 또한 딸과 여동생 중 누가 더 사랑스러우냐고 넌지시 물었다. 사위인 진성대군과 매부인 연산군 중 누구의 편에 서겠느냐는 의미였다. 신수근은 버럭 화를 내며 '차라리 내 목을 베어가라'고 했다. 그는 결국 반정 이후 처벌을 받았다.

중종은 조선의 첫 번째 쿠데타로 왕위에 오른 임금이다. 반정 세력들이 군사를 일으켜 자신의 집을 호위할 때까지도 왕으로 추대된 사실을 전혀 알지 못했다. 연산군이 자신을 죽이기 위해 보낸 군사로 잘못 알고 자결하려고 하자 아내 신씨가 소매를 붙들었다. "군사의 말머리가 집을 향하지 않고 밖을 향해 있으면, 반드시 공자를 호위하려는 뜻이니 알고 난 뒤에 죽어도 늦지 않으리라." 부부가 사람을 시켜 밖을 살펴보니 과연 말머리가 밖을 향해 있었다.(『연려실기술』, 중종조 고사 본말)

중종은 즉위 후 몇 년간은 반정공신 세력들에게 휘둘릴 수밖에 없었다. 박원종, 성희안, 유순정 등 공신들의 위세는 대단했다. 임금과 신하가 함께하는 회의에서 반정공신들이 먼저 일어난 후에야 중종이 자리에서 일어날 정도였다. 첫 번째 사건은 단경왕후 신씨 폐비 문제였다. 진성대군(중종)은 잠저에 있을 때 좌의정 신수근 딸과 혼인하여 대군이 왕위에 오르면서 부인 신씨도 자연스럽게 왕비가 되었다. 그런데 문제가 생겼다.

장인 신수근이 폐출된 폐비 신씨(연산군의 부인)의 오라버니이자 갑자사화를 주도했던 연산군의 측근이어서 역적의 딸을 왕비로 둘 수 없다는 것이다. 반정 세력들은 단경왕후를 폐비시킬 것을 종용했다. 부부 사이에는 자식이 없었으나 금실이 무척 좋았다.

중종은 "아뢴 말이 당연하나 조강지처를 어찌하겠는가"라 말하면서 폐비만은 막아보려고 했으나 신하들의 뜻을 꺾지 못했다. 왕비가 된 지 7일 만에 아무 잘못도 없이 쫓겨나는 것을 지켜봐야 했다. 단경왕후 폐비 후 윤여필의 딸 장경왕후 윤씨를 두 번째 왕비로 맞아들였다. 장경왕후는 인종과 효혜공주를 낳았으나 인종을 낳은 뒤 산후병으로 엿새 만에 사망했다. 장경왕후가 사망하자 사림파들은 단경왕후 신씨를 다시 복위시키려고 하였지만 반정공신들의 강력한 반대에 부딪혀 뜻을 이루지 못했다.

1517년(중종 12년)에 윤지임의 딸을 새 왕비로 맞아들이니 그가 문정왕후 윤씨다. 슬하에는 경원대군(명종)과 의혜공주, 효순공주, 경현공주, 인순공주가 있다. 중종은 10명(비 3명, 빈 7명)의 부인 사이에서 9남 11녀의 자식을 두었는데 이는 반정을 일으켰던 공신의 딸들을 후궁으로 맞았기 때문이다. 반정에 참여한 사람들은 모두 공신에 올랐고, 왕위에 오른 중종은 반정공신들에게 맞설 힘이 없었다. 자신이 구상하던 참된 정책을 펼치기가 어려웠다. 이들은 연산군의 학정으로 문란해진 국가 기강을 바로잡는 데는 큰 역할을 했으나 막강한 힘을 이용해 뇌물을 받고, 훈공(나라에 세운 공로)의 등급을 정하고 관작을 남발하는 등 비난받을 만한 일을 스스로 했다. 특히 반정 세력들이 마땅히 타도해야 할 유자광에게도 반정공신의 자격을 준 것은 반정의 정당성까지 훼손하는 것이었다.

재위 8년 무렵, 반정공신 3인이 모두 세상을 떠나자 더 이상 그들의 눈치를 볼 필요가 없어졌다. 왕 스스로 국왕의 권한을 되찾아 연산군이 저지른 폐정을 바로잡으려고 애썼다. 또한 반정 세력을 견제할 세력이 필요하다는 것을 느끼기 시작했다. 중종은 강력한 왕권을 유지하던 연산군도 대신들에 의해 폐위된 사실을 잘 알고 있기에 자신의 왕권을 강화하기 위해 강력한 후원자를 곁에 두기 원했다. 훈구파 세력을 견제하기 위해 사림파 등용이 필요했다.

중종은 조광조를 등용했다. 조광조는 어려서부터 행실이 바르고 근엄하며 의관을 단정히 하고 언행에 절제가 있었다. 소학군자로 이름 있던 김굉필의 문하에서 학문을 배워 사림파의 맥을 이었다. 중종이 원한 것은 강력한 왕권이었고 조광조 등이 원한 것은 성리학 이념을 바탕으로 한 왕도정치와 도덕정치의 실천이었다. 목표는 서로 달랐지만, 훈구파를 제거하는 데는 뜻을 같이했다. 조광조는 자신의 몸을 사리지 않고 자신의 뜻대로 나라를 개혁해 나가는 것을 바랐다. 왕과 신하가 정치와 학문을 토론하는 경연을 활성화하면서 중종을 이상적인 군주로 만들려고 했다. 도교의 제천행사를 주관하던 소격서(하늘, 땅, 별에 제사를 지내는 부서) 폐지와 당시 농민을 가장 괴롭힌 공물(지방특산물을 바치는 것)의 폐단을 시정했으며 과거제도를 대신해 천거 제도인 현량과를 도입, 인재 등용에 새로운 길을 열었다. 소학과 향약의 보급에도 힘쓰면서 성리학적 이념을 전파하였다.

조광조 일파의 개혁정책은 백성들로부터 폭넓게 지지를 받았으나, 기득권 세력인 훈구파들의 반발 또한 적지 않았다. 그들이 추구하는 개혁은 모든 것을 자신들의 초점에 맞추는 것이었고, 그 개혁 역시 옳다고 생각했다. 공신 중에는 반정 때 공이 없는데도 공신 지위를 얻은 사람에 대해 위훈을 삭제할 것을 요구했다. 이들 중에는 친족 관계에 있는 경우가 많았다.

중종은 지나치게 급진적이고 과격한 개혁 의지에 부담을 느끼기 시작했다. 홍경주, 남곤 등은 조광조 일파를 제거할 계획을 세웠다. 중종이 아끼고 총애하는 홍경주의 딸 희빈 홍씨를 움직여 궁녀들로 하여금 대궐 후원에 있는 뽕나무 잎에 꿀물로 '주초위왕走肖爲王'이라는 글씨를 써 벌레가 파먹게 했다. 그리고는 이를 중종에게 바쳤다. '조씨가 왕이 된다'라는 글귀는 조광조를 가리키는 것으로, 중종의 의심을 불러일으키고자 함이었다.

홍경주 등은 조광조 일파가 당파를 조직해 조정을 문란하게 만든다는 이유를 들어 탄핵했다. 이러한 조광조의 도학정치에 염증을 느낀 중종은 훈구대신들의 주장을 받아들여 조광조, 김식 등을 투옥했다. 개혁정책을 추진하던 신진세력들에 대한 체포령인 것이다. 사림들은 무오사화와 갑자사화에 이어 기묘사화에도 탄핵을 받아 정계에서 축출됐다. 그들은 젊었으나 정치적 연륜이 짧았으며 급진적이고 과격했다.

기묘사화로 인해 조광조 등이 죽음에 이르러 사림파가 실권하고 개혁정치가 실패로 끝나자 지방에서는 향학의 실시와 소학의 보급이 중지되었다. 현령과 실시, 소격서 폐지, 위훈 삭제 등 사림파들이 의욕적으로 추진했던 개혁정치는 5년 만에 실패로 끝나고 정치개혁은 좌절되었다. 중종은 개혁을 포기했고 조정은 다시 훈구 권신들이 득세하게 되었다. 세조 때 시작된 훈신정치가 성종 대에 마무리되고 중종이 왕위에 있던 16세기 중엽, 사림 정치로 넘어가던 시기였다.

그러나 사림들의 노력은 헛되지 않았다. 도학정치는 후세 사람들에게 이어져 삼사의 언론은 사림들로 채워졌고, 을사사화 속에서도 이어져 선조 대에 이르러 사림들은 정계에 자리 잡게 되었다. 재위 기간이 9개월에 불과하지만 인종은 현령과를 부활시키고 사림 세력들의 억울함을 풀어주며 올바른 정치를 하기 위해 많은 노력을 했다. 조광조는 유배지에서 사약을 받아 38세의 젊은 나이에 생을 마감했다. 선조 대에 이르러 신원이 회복되어 영의정에 추증돼 문묘에 배향되었다. 정여창, 김굉필, 이언적 등과 함께 동방사현으로 불렸다.

중종 시대는 외척들이 득세하면서 세력 다툼이 끊이지 않았다. 그로 말미암아 뚜렷하게 이룬 업적이 그리 많지 않았다. 화폐를 사용하게 하여 경제의 활성화를 꾀했으며 유교 문화를 더 강하게 정착시켰다. 사림파들은 '부지런하기만 하고 한 일이 별로 없는 우유부단한 왕'이라 했다. 연산군과 중종은 이복형제다. 같은 아버지에서 태어난 자식이지만 어머니가 다르고 살아온 상황도 다르다 보니 행적 또한 상반된다. 부드럽고 순종적인 어머니 정현왕후 윤씨의 영향과 타고난 착한 심성, 변덕스러운 형 연산군 밑에서 몸을 낮추고 오직 형의 뜻에만 복종하면서 궐 밖에서 목숨을 부지하느라 노심초사하여 생긴 공포심 많은 성격이었다. 또한 반정 세력 위세에 눌려 연산군과는 반대의 행동을 하였다. 이처럼 준비 없이 왕위에 오른 임금이지만 그는 어질고 효성이 지극했으며, 부지런하고 백성의 삶을 안정시키기 위해 스스로 검소한 생활을 솔선수범하였다. 기운 옷을 또 기워 입을 정도로 검소한 왕이었다. 형제 왕자들에 대한 우애는 남달랐으며 어려움에 처할 때마다 적극적으로 옹호하고 보살폈다. 성실한 자세로 학문에 열중했고 구언[10]의 전교를 하는 등 신하의 말을 청단[11]을 잘했다고 실록은 기록하고 있다. 중종은 다른 왕들과 다르게 신하들의 비판을 받아들이며 항상 경청하고 "내 탓이오"라고 말하면서 몸을 낮추었다. 그러나 옳지 않은 상언에 대해서는 과감하게 물리쳤으며 다시 논하지 못하게 했다. 이러한 행동은 대군 시절부터 비롯된 것으로 연산군에게 죽임을 당할지 모른다는 불안감과 본인이 반정에서 주도적인 역할을 하지 못한 데서 연유된 것이다.

38년이라는 긴 기간 동안 재위했음에도, 역사상 기록될 만한 별다른 업적을 남기지 못한 것도 국태민안이나 부국강병이 아니라 왕권 강화에 최우선 목표를 두었기 때문일 것이다. 이런 점에서 지도자는 성실하고 부지런하기만 해서는 안 된다. 조선 최초의 반정으로 폐위된 연산군과 왕에 오른 중종의 삶은 큰 대조를 이루지만 역사적으로 업적을 이루지 못한 부분에서 공통점이 있다. 이는 시대 상황의 산물이기도 하지만 리더십 부족 때문일 것이다.

---

10 임금이 신하에게 바른말을 구함.

11 일을 처리할 때 다른 사람의 의견을 귀담아듣고서 결단함.

숙의 홍씨 자손들

혜숙옹주 수란 惠淑翁主 秀蘭

생몰년

1476년에 태어난 것으로 추정되나, 사망 연도는 알 수 없다.

가족관계

남편은 신항申沆이다. 상당한 학식을 두루 갖춘 문장가로서 성종의 사랑을 듬뿍 받은 첫 번째 부마(임금의 사위)다. 슬하에 1남 1녀를 두었으나 모두 일찍 죽었다. 계후는 신수경이다.

신항의 생애활동

태어나서부터 총명함이 뛰어났고, 어릴 때부터 책을 읽기 시작하여 그 뜻을 항상 게을리하지 않았다. 사망할 때 부인 혜숙옹주에게는 부모님께 효도할 것만을 말하고 다른 유언은 없었다.

혜숙옹주가 태어나 사망한 연도는 정확히 알 수 없다. 1476년 태어난 것으로 추정될 뿐이다. 1490년(성종 21년) 4월 27일 14세 때 신숙주의 증손자 고령 신씨 고원위高原尉 신항(1477~1507)에게 하가下嫁하였다. 왕비 소생의 공주가 모두 일찍 요절한 성종에게는 신항이 맏사위였다. 첫 부마였으며 의빈(종2품)이다. 일정한 예의를 갖추어 맞이하는 손님인 것이다. 아버지 신종호의 영향을 받아 신항도 상당한 학식을 갖춘 뛰어난 문장가였다. 같은 해 4월 15일 옹주가 혼인하기 전에 성종의 전교가 있었다. 혜숙옹주를 곧 하가하려 하였기에 시아버지가 될 우승지 신종호에게 예禮를 가르치도록 하였다.

"옹주가 결혼한 후에 시부모님을 뵙는 예가 있는데, 예전의 성현이 예를 만들 때 어찌 의도가 없었겠는가? 가도家道는 마땅히 근엄하게 할 바이다. 옹주가 궁궐 안에서 나고 자라 더러 귀한 것을 믿고서, 교만한 폐단이 있을 것이다. 반드시 어렸을 때부터 예를 알아야 하니, 습관이 몸에 배어 성품이 된 후에야 부도婦道(며느리의 도리)를 지킬 수 있을 것이다. 경은 존귀하게 대우하되 그 예를 폐하지 말도록 하라."

같은 해 4월 27일 고원위 신항은 순의대부順義大夫(종2품)에 봉해졌다. 또한 8월 6일에는 성종이 혜숙옹주에게 노비를 모두 합쳐 70구와 전지田地 10결을 내려주었다.

부마는 세 번의 간택 과정을 거쳐서 삼간택에 뽑힌 명문가의 자제이다. 공주나 옹주의 혼례는 궁궐 밖에서 했고, 공주에게 장가든 부마를 상공주부마라고 했다. 그와 반대로 공주나 옹주가 결혼하면 신분이 낮은 자에게 시집간다고 하여 하가라고 했다. 실록에는 부마

명칭이 의빈보다 더 많이 기록되어 있음을 알 수 있다. 부마는 궁궐에 드나들면서 왕실의 가족으로서 대소사에 참여하였고, 많은 재산도 하사받았다. 부마가 공주나 옹주를 구박하거나 주색잡기 또는 왕실의 사위임을 내세워 민폐를 끼친 자는 탄핵을 받았다. 그러나 왕실의 사위이기 때문에 중벌을 내리지 못하고 다만 유배를 보내는 선에서 그쳤다. 부마는 절대로 첩을 얻을 수도, 둘 수도 없었다.

총명하고 글재주가 뛰어난 신항은 성종의 사랑을 듬뿍 받았다. 성종은 맏사위 신항에게 자주 시를 지어 올리라고 했으며, 이에 신항이 글을 올리면 성종이 보고 언제나 감탄해 마지않았다. 홍문관을 통해 인재를 키우고 학문을 가까이 한 성종이니, 뛰어난 재능을 지닌 맏사위를 당연히 총애했을 것이다.

언젠가 성종이 문묘에 갔을 때, 신항이 얇은 옷을 입은 것을 본 성종이 자신의 옷을 벗어 입혀주었다는 일화가 전해지고 있다. 성종 때 반포한 『경국대전』에는 부마는 공식적으로 과거 시험을 보지 못하게 함은 물론이고 실직實職 또한 받을 수 없게 규정해놓았다.

이로써 조선 시대 부마는 정치 일선에 참여하지 못하는 제도가 정착됐다. 그런 까닭에 아무리 학문이 뛰어나도 그것을 쓸 곳이 없었고, 재능이 있더라도 펼칠 곳이 없었다. 국왕과 사위가 서로 시를 지어 주고받는 모습은 성종 때부터 시작되었고 사림 정치가 본격적으로 시작되는 선조 때에는 학식과 재능이 출중한 사람을 부마로 선발했다. 선조 자신은 사위들과 자주 시문을 주고받으면서 작품에 대해 칭찬을 아끼지 않았으며 또한 후한 상도 내렸다.

성종이 1494년 38세의 젊은 나이에 승하할 때 신항은 겨우 18세였다. 장인 성종의 승하를 신항은 부모를 여읜 것처럼 슬퍼했다고 전해진다.

아버지 신종호의 삼년상을 마친 1499년 신항은 부마들이 으레 맡는 오위도총부도총관을 겸했다. 26세 되던 1502년(연산군 8년)에는 귀후서歸厚署(예장 관련 일을 담당한 관서) 제조提調 및 혜민서 제조를 역임했다.

하지만 그가 겸비한 학식과 재능은 연산군의 총애를 받던 다른 부마들의 시기를 받았고, 처남 연산군도 그가 맡고 있던 제조 직임을 해임해버렸다.

전교하기를 "여러 왕자와 부마는 의식이 풍족하여 학문이 필요하지 아니한데, 지금 고원위 신항은 굳이 옛글을 기억하고 문사들과 교류하므로 상으로 준 가자加資를 삭제하고 제조의 직에서 해임시켜, 여러 왕자들과 부마로 하여금 징계하는 바가 되도록 한다"고 하였다.(『연산군일기』 10년, 1504년 12월 28일)

부마에게 학문이 필요 없다는 연산군의 말은 왕실에서 내려준 많은 재산을 가지고 놀고먹으면 된다는 뜻으로 해석할 수 있다. 사대부 가문 출신의 신항에게는 매우 치욕적으로 느껴졌을 것이다. 갑자사화로 인해 의금부에 하옥되고 통헌대부(정2품)의 작위도 거둬들여졌다.

1505년(연산군 11년) 6월 3일 연산군은 신항을 내전으로 불러 중국의 국상 중에 단상短喪 제도는 어떤 것인가 물었다. 신항이 '3년의 제도는 천자로부터 만백성에 이르기까지 통용하는 것입니다. 원나라가 중화를 점령한 지 100여 년이 지났어도 그 관습까지는 모두 혁파

하지 못하였습니다. 단상이 어찌 중국의 옛 제도이겠습니까? 이는 원나라에 남아 있는 풍습이 없어지지 않았기 때문입니다'라 말하니 왕이 입을 다문 채 기뻐하지 않았다.

소혜왕후의 상기喪期를 단축하게 되어서 연산군은 신항을 불러 이르기를 "이제 내가 소혜왕후의 상기를 단축하고자 하는데 이것도 오랑캐의 풍속이냐" 하였던 것이다. 신항이 밖으로 나와 친한 사람들에게 '왕이 무도함이 날로 심해지는 까닭에 반드시 사대부의 상기도 단축할 것이다'라고 했다. 연산군은 할머니 소혜왕후의 상기를 단축하려 했지만, 신항은 임금 앞에서 단상이 오랑캐의 습속이라며 강직한 소신을 드러냈다.

1506년 중종반정이 일어나 연산군이 폐위되고 중종이 즉위하자 신항을 아끼는 주위 사람들이 반정군에 참여해 공신이 되라는 권유를 하였다. 신항은 반정에 참여하지도 않았는데 무슨 염치로 갈 수 있겠냐며 거부했다. 임금은 그러한 신항을 원종공신에 책봉하고 봉헌대부(정2품상)의 품계를 내렸다.

1507년(중종 2년) 2월 19일 향년 31세에 병으로 세상을 떠났다. 신항의 사망 소식을 들은 중종은 사직제를 지내던 중 음복례飮福禮를 하지 않았다. 매부 고원위 신항이 죽었기 때문이다. 공식적인 정무와 시장 상인의 상거래를 이틀간 금지했고 부의賻儀를 내려주었다. "죽은 고원위 신항에게 따로 보내되, 풍천위 임광재의 전례에 의하여 제사題辭를 매겨주라." 신항은 성종의 부마요, 참판 신종호의 아들이라 했다.(『중종실록』 권2, 중종 2년 2월 21일) 임금은 그의 죽음을 애도했다.

신항은 성종의 사위가 되어 남부러울 것이 없는 부귀를 얻었지만 항상 겸손하고 삼가는 근신 하나만을 가장 중요한 덕목으로 삼았다. 사람다운 사람이 된 이후에야 그 재능이 빛을 발할 수 있음을 알고 있었던 성리학자였다. 세조의 왕위 찬탈에 함께한 신숙주의 후손으로 태어나, 성종의 첫 번째 부마가 된 신항은 아버지 신종호의 영향으로 성리학을 공부했다. 그리하여 성리학에 대한 이해가 깊어 늘 검소하고 절제 있는 몸가짐으로 폭군 연산군 시대에도 부마의 정도를 지켰다.

비문에 기록된 내용을 살펴보면 신항이 임종할 때 동생 신잠에게 말하기를 '사람의 몸에는 근신 하나만 있을 뿐이고 재예는 그다음이다. 두 가지를 모두 가진다면 정말 좋겠지만 그렇지 않으면 재예를 버리고 근신을 지켜야 한다'고 했다.

또한 문병 온 친구들에게 말하기를 '어머니께서 아직 살아계신데 나는 죽으려 하니 부모님께 죄를 짓는 심정 때문에 애통하네'라고 했다. 곁에 있는 사람들이 그를 위로하기를 '천도는 선한 사람에게 복을 내리고 악한 자에게 재앙을 내린다고 하는데 공은 선을 많이 쌓았음에도 왜 이런 불행한 일이 있단 말인가?' 하니 신항이 말하기를 '천도를 기약할 수 있는가? 기약할 수 있다면 안회顔回가 요절했겠는가?'라 했다.

사람들이 말하기를 안회는 어질었지만 장수하지 못한 것은 어째서인가 하니 신항이 말하기를 '모두 자연의 이치이다. 하늘이 어찌 만물에게 똑같은 수명을 줄 수 있겠는가'라 하였다.(신용개, 『이요정

집』, 『고원위 신도비명』)

그의 동생 신잠은 중종 때 현량과를 거쳐 조정에 진출하였으나 기묘사화에 연루되어 전라남도 장흥으로 유배 갔다. 유배에서 풀려난 후 서울 아차산 아래에서 오랫동안 은거 생활을 하다가 인종 때 비로소 태인현감, 상주목사 등을 지냈다. 신잠은 목민관으로서 청렴함과 자애로움을 모두 갖추었으며, 형 신항의 유언을 지키면서 살았다고 전해진다. 시호는 문효공이며 경기도 의정부시 장곡동 둔야에 묘가 있다.

완원군 수 完原君 燧

생몰년

1480년(성종 11년)에 태어나 1509년(중종 4년)에 향년 30세로 사망했다.

가족관계

첫 번째 부인은 면천군부인으로 최하림의 딸 전주 최씨이다. 1500년(연산군 6년) 12월 21일 21세에 사망했다. 딸 1명을 낳았으나 일찍 사망했다.

둘째 부인은 정선군부인으로 허적 딸 양천 허씨이다. 1521년(중종 16년) 4월 14일 33세에 병으로 사망했다. 슬하에 2남 2녀를 두었다. 둘째 아들 이천정 수례는 운천군 인에게 출계했다.

생애활동

완원군 집안사람들이 궁인 나읍덕과 결탁하여 궁중 일을 누설하였다 하여 연산군 때 국문을 받았다. 또한 그가 죽은 후 서얼들이 완원군을 왕으로 옹립하려는 계획이 있었음이 드러났다. 모반 사건에 연루된 것이었다.

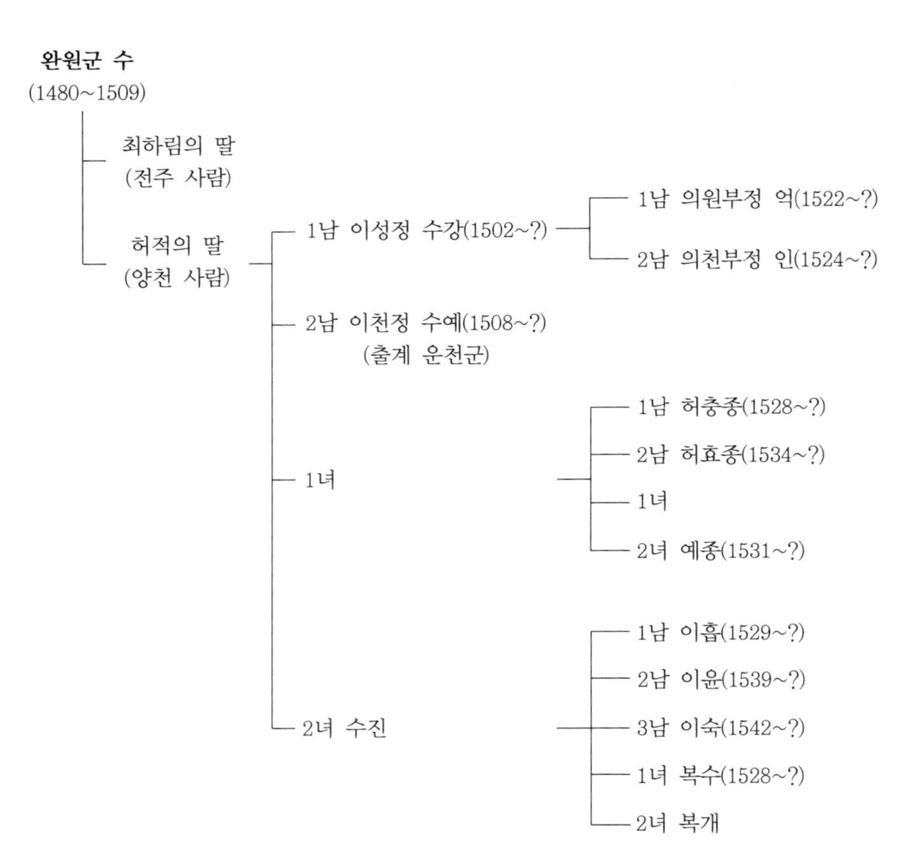

완원군 수
(1480~1509)
최하림의 딸
(전주 사람)
허적의 딸
(양천 사람)
1남 이성정 수강(1502~?)
1남 의원부정 억(1522~?)
2남 의천부정 인(1524~?)
2남 이천정 수예(1508~?)
(출계 운천군)
1녀
1남 허충종(1528~?)
2남 허효종(1534~?)
1녀
2녀 예종(1531~?)
2녀 수진
1남 이흡(1529~?)
2남 이윤(1539~?)
3남 이숙(1542~?)
1녀 복수(1528~?)
2녀 복개

완원군은 숙의 홍씨(1457~1510)가 낳은 7왕자 3옹주 중 장남으로 태어났다. 이때 성종과 숙의 홍씨 모두 24세로, 숙의가 궁에 들어온 지 10년 8개월 만에 아들을 낳았다.

1489년(성종 20년) 10세 때에 완원군으로 봉해졌고, 13세 때 혼례를 올렸다. 1494년 1월 7일 한치형과 정문형이 완원군과 공신옹주(성종의 딸)의 집을 지을 군사 수를 줄이도록 성종에게 아뢰었다. 또한 11월 30일에는 "완원군 수가 동생 견성군 돈의 혼인을 주청하니 쌀 40석과 콩 20석을 내리라"고 임금이 명했다.

1504년 4월 1일 완원군 집안사람들이 궁인宮人 나읍덕羅邑德과 결탁하여 궁중의 일을 누설하였다고 하며 전 전의감 김괴가 연산군에게 말하였다. 승정원에 전교하기를 "김괴가 아뢴 것은 바로 근일에 있는 일이다. 죄인을 잡아다 대궐 안에서 국문하여야겠다"고 했다.

완원군 수의 집을 둘러싸고 출입하는 모든 사람을 다 잡아오게 하였고, 완원군과 여종 존이存伊를 잡아다 장 30대를 때려 심문하고 대궐 안에 들어간 수의 아내를 지키게 하였다. 전교하기를 "수의 처는 법에 의하여 그 집에 가두되, 스스로 목매는 일이 없게 하며 노비들도 남김없이 금부禁府에 나누어 가둬 서로 말을 맞추지 못하게 하라"고 했다. 다시 전교하기를 "궁인 나읍덕과 여종 존이, 그 어미 존비 등을 군기사軍器寺 앞에서 참형에 처하여 저잣거리에 효수하되 각기 그 이름 아래 찌를 달고 '궁중에 관한 일을 누설한 죄'라고 쓰라. 또 궁인 및 백관과 5부의 방坊, 리里 사람들로 하여금 구경하라"고 하였다.

다시 전교하기를 "나읍덕은 능지凌遲(머리, 몸, 손, 발을 토막 내서 죽이는 형)하고 존이와 존비는 참형에 처하며, 세 사람의 족친族親을 모두

결장決杖하여 변방으로 멀리 보내라. 또한 완원군 수를 금부에서 추국하여 아뢰라" 하며 다시 전교하였다. 수와 집사람들은 모두 놓아주고 여종 옥금과 궁인 칠금은 당직청에 가두고, "대궐 문 안에 언문諺文이 들락거리지 못하게 하되 병조에서 검문하도록 하라"고 했다.(『연산군일기』 52권, 연산 10년 1504년 4월 1일)

궁인 나읍덕과 여종 존이, 그 어미 존비의 부모 형제도 종으로 살도록 하고 '궁중의 임금에 관한 일'을 덧붙여 퍼뜨렸다 하여 가산을 모두 몰수했다. 또 4월 18일 "정배한 곳에는 사람들의 출입만을 금하여 다른 곳에 가지 못하게 할 뿐 녹각성을 설치하지 말라"고 전교하였다.

1504년(연산군 10년) 4월 27일 술시에 인수대비(1437~1504)가 68세에 창경궁 경춘전에서 사망하니 다음날 의정부 예조판서 김감이 임금께 아뢰기를 '완원군이 죄로 귀양 가기는 하였지만, 친족 명부에서 없어진 것은 아니니 분상奔喪(먼 곳에서 부모의 부음을 듣고 집으로 급히 돌아감)하게 하소서' 하니 전교하기를 "아뢴 대로 하라"고 하였다.(『연산군일기』 권52, 10년 1504년 4월 28일)

임금께서 "홍 소용(숙의 홍씨)의 형제들이 익명서匿名書(글쓴이가 자기 이름을 감추고 쓴 글)를 던졌을 듯하니 국문하라"고 하였으니, 홍 소용이란 완원군의 어머니이다.(『연산군일기』 권61, 12년 1506년 1월 6일)

1504년 갑자사화에 연루되어 충청도 부여에 유배되었다가 그 후 중종반정으로 풀려났으나, 그가 죽은 후 1509년 중종반정에서 원종공신의 공로를 빼앗긴 종실의 서얼들이 그를 왕으로 옹립하려는 계획이 있었음이 드러났다.

1506년(중종 1년) 10월 1일, 정승들이 아뢰기를 '의원 김괴는 폐조(연산군) 때에 당시 임금이 살육하기 좋아함에 영합하여 완원군의 첩 일을 무고하여 적족赤族(멸족)의 화를 당하게 하였고 완원군에게까지 화가 미치게 하였으니, 청컨대 추방하소서'라고 하였다. 이에 답하기를 "아뢴 대로 하라"고 전교하였다.

1509년(중종 4년) 10월 21일에 임금이 전교하기를 "완원군이 병으로 고생하니 내의內醫로 하여금 왕래하여 병을 간호하며, 합당한 약을 갖추어 주도록 하라"고 하였다.

1514년(중종 9년) 6월 8일 기사관記事官 허흡許洽이 완원군의 부인이 생계가 곤란하다고 임금에게 청하였다. '요사이 들으니 왕자와 부마의 생계가 어렵다 하나, 그 자세한 것은 알지 못하겠습니다. 완원군 부인 같은 이는 완원군이 죽은 뒤에 기한飢寒(배고픔과 추위)을 면치 못한다 하니 어찌 이런 가엾은 일이 있겠습니까! 청하옵건대 신의 생각으로는 왕자나 부마가 죽었더라도 품계에 따라 녹祿을 주어야 하고 혹 안 된다면 해마다 쌀과 콩을 주어 가난을 구제하시면, 전하의 우애하시는 덕이 드러날 것입니다'라 하니 주상께서 듣고 오랫동안 측연惻然해 하다가 이르기를 "왕자와 부마의 생계가 어렵다는 것을 내가 어찌 알겠는가! 듣고 보니 마음이 편치 못하다"고 하였다.

1670년(현종 11년) 8월 21일 좌의정 허적許積(1610~1680)이 효종의 여섯째 딸 숙경淑敬공주 저택을 완원군의 사당이 있는 곳에 건축하는 것을 중지하도록 임금께 아뢰었다.

임금이 이르기를 "옛날 선왕께서 여러 신료들과 의논하여 네 궁을 인경궁 옛터에 지어주셨으나, 편히 살 수가 없어 이번의 역사가 있게 된 것이다. 하나의 저택을 다시 짓는 폐단이 과연 어떠한가. 완원군과 한산백의 사우가 있다는 말은 대간의 계사啓事(임금에게 사실을 적어 올리던 서면)에서 처음으로 알았다"고 하였다.

허적이 아뢰기를 "인경궁의 옛터에서 편안히 살 수가 없었다면 성상께서 동기간의 지극한 정으로 어찌 다시 지어주고 싶지 않겠습니까. 다만 숙휘공주(효종의 넷째 딸)의 집터는 인가를 철거시킨 것이 매우 많았으나 그래도 그곳은 공공의 터였습니다. 그런데 이번 공주의 집터는 억지로 사들였으므로 듣는 자들이 모두 놀라워하며, 모두 '나라가 망하지, 나라가 망하지' 합니다. 그리고 완원군은 바로 성종의 왕자입니다. 어찌 현 공주의 저택 때문에 옛 왕자의 사우祠宇(따로 세운 사당집)를 철거할 수 있겠습니까. 참으로 성덕에 크게 누가 될까 두렵습니다. 한산백 이색은 태종의 친구로서 대단한 은총을 받았는데, 지금 그의 화상畫像(사람의 얼굴을 그림으로 그린 형상)이 있는 사우가 그 속에 들어 있으며 인목仁穆[12], 인열仁烈[13] 두 왕후와 왕대비는 모두 한산백의 후예입니다. 어떻게 공주의 저택을 짓기 위해 그의 사우를 철거할 수 있겠습니까?"라고 하니, 임금께서 이르기를 "그 터는 쓸 수 없는 형편이구나"라고 했다.

다시 허적이 아뢰기를 "당초에는 부득이하여 빚어진 일이었으나, 곡절을 자세하게 아신 뒤에 이렇게 쓰지 않겠다는 하교가 계시니 참으로 다행입니다"라고 하였다.(『현종실록』 18권)

---

12 선조의 계비, 정명공주와 영창대군 어머니.

13 인조의 정비, 소현세자와 효종의 어머니.

1758년(영조 34년) 1월 27일 영조가 시사복時祀服을 갖추고 사원례를 행한 다음 재실에 들어갔다. 유생 이원섭이란 자가 와서 옥대玉帶를 바치며 말하기를 "저희 9대조 완원군은 바로 성묘聖廟(성종)의 왕자인데, 이 옥대는 바로 성묘께서 하사하신 것이라고 합니다"라 하니 임금이 불러서 만나보고 해조該曹에 명하여 조용調用하게 하였다. (『영조실록』) 묘는 파주시 광탄면 마장리에 있다.(선원강요 기록)

회산군 염 檜山君 恬

생몰년

1481년(성종 12년) 12월 13일 태어나 1512년(중종 7년) 4월 6일 32세에 사망했다.

가족관계

부인은 영원군부인寧原郡夫人으로 안방언의 딸 죽산 안씨이다. 슬하에 1녀가 있으며 정수후에게 출가했다.

※ 계후 : 동생 견성군 돈의 둘째 아들 계산정桂山正 수계로 하여금 대를 잇게 했다.

생애활동

길거리에서 종을 시켜 재상 자제의 머리털을 휘어잡게 하여 문제를 일으켰다. 중종이 청렴하고 곧은 성품을 칭찬하면서 반납한 노비와 궁전을 되돌려주고 현판을 지어 내리면서 '보익당'이라 하였다. 젊은 주상을 잘 보필하라는 뜻이다.

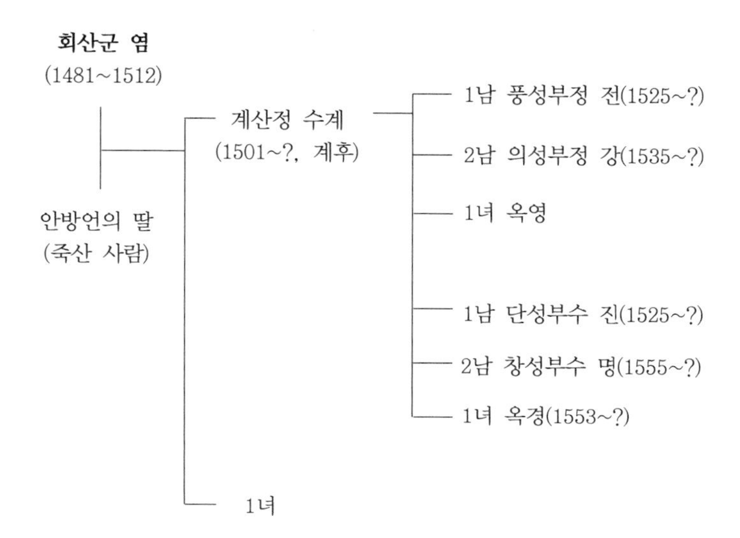
회산군 염
(1481~1512)
안방언의 딸
(죽산 사람)
계산정 수계
(1501~?, 계후)
1녀
1남 풍성부정 전(1525~?)
2남 의성부정 강(1535~?)
1녀 옥영
1남 단성부수 진(1525~?)
2남 창성부수 명(1555~?)
1녀 옥경(1553~?)

회산군 염의 계자繼子(양자) 계산정은 슬하에 4남 2녀를 두었다. 장남 풍성부정豊城副正 전銓은 성품이 청렴하고 강직하며 책임감이 강하고 회산군 종가의 도리를 다하는 데 진력하였다. 둘째는 의성부정義城副正 강鋼이며 당대의 명문 휴암 백인걸(1497~1579)의 문하에서 수학하였다. 1567년(명종 22년)에는 사신을 수행하여 명나라에 갔다가 뛰어난 문장에 탄복한 융경황제(12대)가 문괴文魁라는 호를 내렸다.

셋째는 단성부수丹城副守 진鎭으로 오위 도총부 도총관을 지냈으며 말년에는 포천 향리로 낙향하여 인근 문사들과 시서를 교류하면서 여생을 보냈다. 넷째는 창성부수昌城副守 명銘으로 단성부수 진과 함께 휴암 문하에서 수학하여 학문이 높았으나 벼슬길에 나갈 수 없어 향리에 은거하니 당대의 사림거사들이 그의 덕행을 추앙하였다.(『전주이씨대관』)

1494년(성종 25년) 2월 10일, 성종이 전교하였다.

"숙용淑容의 어미가 회산군의 길례吉禮(관례나 혼례 등의 경사스러운 예식)로 인해 교자를 타고 혜숙옹주의 사제私第(개인 소유의 집)에 갔다가 돌아올 때 풍천위豊川尉 임광재가 피접避接(병중에 요양하려고 자리를 옮김)해 있는 곳을 지나다가, 풍천위의 구구丘口가 숙용을 따라갔던 종과 더불어 서로 싸웠다 하니 추국推鞫해 아뢰도록 하라" 하였다.(『성종실록』 권287)

성종은 김굉필을 회산군의 스승으로 삼았다. 임금이 말하기를 "옛글에 이르기를 사람이 편히 살기만 하고, 배움이 없으면 금수에 가까울 것이로다. 그러므로 내 어린 자식을 힘써 가르쳐 학식과 능력이 뛰어난 사람으로 만들어주기 바란다"고 하였다. 성종의 환후가 있어 회산군은 궁에 들어가 시탕하며 밤낮으로 시중을 들었으나, 병은 점점 깊어만 갔다. 임금이 말하기를 "진성대군은 아직 어리고 연산군은 나이가 가장 많아 대통을 이어갈 것이니, 만약 정치가 어지럽게 되면 네가 직간하고 그래도 말을 귀담아듣지 아니하거든 김굉필과 의논해서 하도록 해라"고 했다. 1495년(연산군 1년) 2월 8일 회산군 염이 성종의 빈전殯殿(발인 때까지 왕, 왕비의 관을 모시는 전각)에 진향進香하였다.

왕과 왕비가 세상을 떠나면 왕릉에 안장되기까지 5개월 정도 걸렸다. 이 기간에 시신을 모시는 곳을 빈전이라 하였고, 임시로 빈전도감을 설치하여 빈전에서의 제사와 호위 업무를 맡았다. 시신의 부패를 막기 위해 동빙고에 보관된 얼음과 마른미역으로 둘러쌓았다. 마른미역은 습기를 잘 흡수하여 시신의 부패를 막는 데 매우 효과적이었다. 후계 왕은 빈전 옆의 여막에 거처하면서 수시로 찾아와 곡을 함으로써 어버이를 잃은 자식의 도리를 다했다.

동년 11월 19일 사헌부가 아뢰기를 '회산군 염의 집 종이 시장柴場(땔나무를 파는 장)을 널리 차지하려고 주민들을 때려서 상해하고 또 백성의 시목柴木(땔나무)을 빼앗아 방자함이 심한데, 양주의 관리가 위세를 겁내서 제어하지 못하고 있으며 감사 이육은 또한 회산군의 처족으로서 이러한 일에 관여하고 있으므로 조관朝官을 보내어 국문하소서' 하고 임금께 청하였다.(『연산군일기』 10권)

1500년(연산군 6년) 6월에 회산군은 임금에게 아뢰기를 "주상께서 보위에 오른 지 6년 동안 국정을 살피지 않고 미색과 사냥만을 즐기고 현신들을 죽였으며, 간사한 무리를 가까이하니 이는 나라를 위태롭게 하는 것입니다. 초장왕이 정사를 돌보지 않고 밤낮으로 환란에 빠져 지내다가 신하들의 간언에 놀고 즐기던 것을 멈추고 나랏일을 돌보기 시작한 것과 같이 새롭게 국정을 다스려 주시기 바랍니다"라고 했다. 여러 차례에 걸쳐 말하였으나 듣지 아니하고 사약을 내리도록 했다. 이에 소혜대비는 임금에게 말하기를 "회산군 염은 선왕이 애중하던 바요, 종실을 떠받들고 이끌어 갈 왕자이니 해치지 말고 방면하시오"라고 했다.

1502년(연산군 8년) 11월 5일 연산군이 조참朝參을 받고 경연에 나왔을 때 지평 방유령이 아뢰었다. '회산군 염은 노상에서 재상의 자제를 만나 종을 시켜서 머리털을 휘어잡았다고 합니다.' 왕자군이 함부로 불법을 저지름이 이와 같으니 국문하여 징계하기를 청하였다.(『연산군일기』 권47)

1505년(연산군 11년) 6월 24일 연산군은 견성군 돈과 회산군 염의 집이 대궐에서 가까우므로 임금이 명하여 가흥청假興淸을 두게 하고 왕자들에게는 다른 집을 취해서 주게 하였다. 11월 20일 대궐과 가까운 재상의 집을 사서 돈과 염에게 주라고 전교하였다.

"견성군 돈과 회산군 염의 집은 본래 내려준 것이나 나라에서 지은 칸 외에 그가 자비로 영조營造한 것은 칸 수를 세어서 3분의 1은 값을 주라"고 하였다.(『연산군일기』 권58)

1506년(중종 1년) 가을에 중종반정으로 인하여 연산군이 폐위되고 9월 2일 진성대군(중종)이 왕위에 오르자 회산군 염에게 하교와 부름이 있었으며 청렴하고 곧은 성품을 칭찬하면서 노비와 궁전을 되돌려주고, 사저를 지어 하사하였다. 사저로 이사 갈 때 정현왕후께서 헌판軒板을 지어 내리면서 호를 보익당이라 하였으니 '젊은 주상을 잘 보필하라'는 뜻이었다.(『전주이씨대관』)

1512년(중종 7년) 4월 5일 회산군 염이 병이 들어 앓고 있는데 임금이 내의를 보내어 진찰하게 하고 또 몸에 맞는 약으로 치료하였으나 4월 6일 향년 32세에 사망했다. 시호는 정간貞簡이다. 묘는 서울시 도봉구 방학동에 있다.

견성군 돈 甄城君 惇

생몰년

1482년(성종 13년)에 태어나 1507년(중종 2년) 사망했다.

가족관계

영양군부인永陽郡夫人 평산 신씨와의 사이에 2남 1녀를 두었다.

생애활동

수월사 스님과 견성군 종이 잡역을 피하고자 거짓 문서를 만들어 예조에 바쳤으나 가짜임이 드러나 금부에서 국문을 받았다. 연산군의 도움으로 더 이상 확대되지 않아 벌을 받지 않았다. 폐조 때 유은종의 집과 작은 집을 차지하려고 그를 죽음에 이르게까지 하였고, 반정 이후에도 주인에게 돌려주지 않아 종부시로 하여금 추핵을 받았다.

또한 모반 사건에 연루되어 26세에 유배지에서 사사됐다. 훗날 죄가 없음이 밝혀져 신원이 회복됐다.

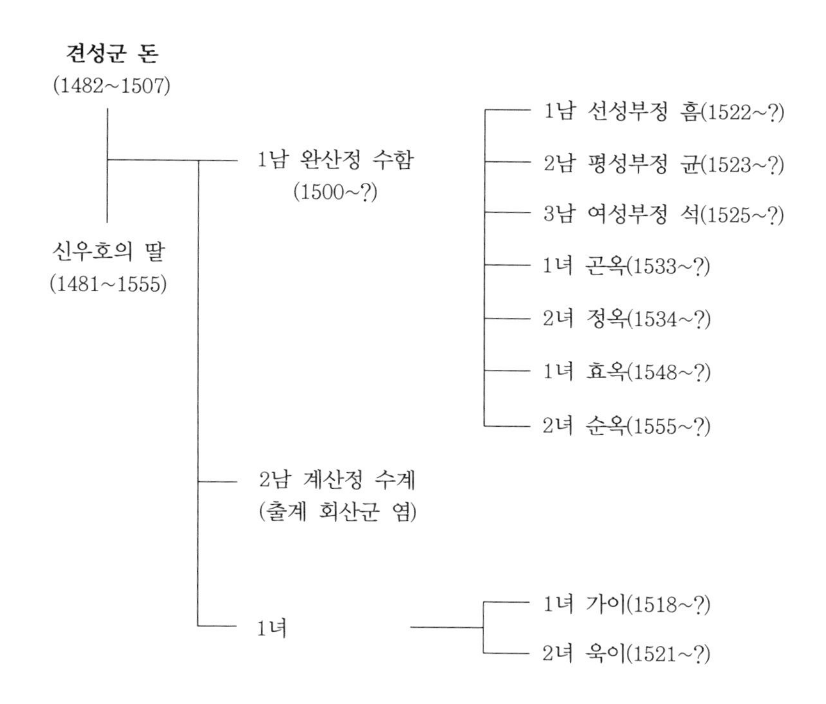
견성군 돈
(1482~1507)
신우호의 딸
(1481~1555)
1남 완산정 수함
(1500~?)
1남 선성부정 흠(1522~?)
2남 평성부정 균(1523~?)
3남 여성부정 석(1525~?)
1녀 곤옥(1533~?)
2녀 정옥(1534~?)
1녀 효옥(1548~?)
2녀 순옥(1555~?)
2남 계산정 수계
(출계 회산군 염)
1녀
1녀 가이(1518~?)
2녀 욱이(1521~?)

13세에 좌찬성 신우호의 딸과 혼인하였다. 슬하에 2남 1녀를 두었으며 장남은 완산정完山正(완산군) 수함壽諴이고 이회보의 딸 평양 이씨와 혼인하였다.

손자는 선성부정宣城副正(선성군) 흠欽과 평성부정坪城副正 균匀, 여성부정驪城副正 석錫이 있다. 차남은 계산정桂山正 수계壽誡이며 큰아버지 회산군 염에게 양자로 들어갔다.

1491년(성종 22년) 1월 10일 10세 때 견성군으로 봉해졌다. 1494년 11월 30일 형 완원군 수가 동생 견성군 돈의 혼인을 도맡아 하니, 성종께서 호조戶曹에 전교하여 "쌀 40석과 콩 20석을 내리라"고 하였다.

1496년(연산군 2년) 1월 12일 15세 때에 선공제조繕工提調 이세좌와 공조판서 신준 등이 임금에게 아뢰기를 궁장宮墻을 수축하는 것, 견성군의 집을 짓는 것, 선릉에 못을 파는 등의 공역工役에 대하여 조목조목 아뢰니 전교하기를 "선릉(성종의 능)에 못 파는 것과 견성군의 집을 영조營造하는 등은 마지못할 일들이니, 그만둘 수 없거니와 궁장에 대하여는 가을이 되어서 다시 품稟하라"고 하였다.(『연산군일기』 권12)

1503년(연산군 9년) 6월 13일 수월사水月寺의 중 신해와 견성군의 종 금산이 거짓 문서를 만들어 '수월사는 견성군의 원당願堂이요, 왕패王牌와 전교傳教가 있으니 잡역을 시키지 말라' 하고 가짜로 당상과 낭청의 수결手訣 및 인장을 눌러 예조에 바쳤다.

이것이 가짜임을 알고 금부禁府에서 국문하여 임금께 아뢰니 전교하기를 "과연 견성군이 쓴 것이다. 무릇 종친으로서 제 스스로 지친至親임을 믿고 방자하게 불의의 짓을 행하여 꺼림이 없으니, 이 어찌 된 일이냐? 지금 견성군 돈이 신해의 위조 일에 관계되었으니, '이

것을 차마 하면 무엇을 차마 하지 못하랴'라는 말 그대로니, 어찌 왕실의 형제간이라고 법을 폐할 수 있을 것이냐? 종부시에서 국문하게 하라. 또 회암사 같은 절들 외에는 왕패가 있더라도 논과 밭을 다 몰수하여 능침 수호군과 백성 중 전지 없는 자들에게 주게 하라. 중 역시 백성이니 다 베일 수는 없고 그 사람들은 그 사람대로 두어 농사터로 몰아내는 것이 옳다"고 하였다.(『연산군일기』 50권)

같은 날 견성군 돈에게 연산군이 전교하였다.

"나라에서 종친을 존대하여 죄를 범하는 일이 있더라도 다만 파직하고 노비를 회수할 뿐 태장笞杖(태형과 장형, 볼기를 치는 형벌)을 가하지 않는 것은 왕실의 계통이 중하기 때문이다. 더구나 나의 동생 아니겠는가? 내가 진실로 마음이 불안하다. 지금 여러 왕자의 어머니가 자식들이 빈궁한 일로 상언上言하는 일이 많다. 백성이 빈궁하더라도 오히려 돌보아야 하는 것인데, 임금 자녀가 실로 빈궁하다면 의당 먼저 구제할 것이나 빈궁하지도 않은데 시끄럽게 상언하여 은택을 바라니 매우 불가한 일이다. 일찍이 듣건대 예전에는 왕 자녀들이 자수로 집을 마련하고 재산을 모아 학문하고 재예才藝를 익혀 활쏘기나 하며 온건하게 일생을 보냈다는데, 다투어 서로 호사하고 사치하여 남보다 나으려고 하는 것은 옳지 않은 일이다. 또 사람의 목숨이라는 것은 하늘에 달린 것이니, 한漢나라 무제武帝[14]는 신선을 끔찍이 믿고 섬겼지만 명을 연장하지 못하였으며, 양梁나라 무제[15]는

14 이소군과 공손경 등의 말에 현혹되어 오래 살고 죽지 않으려고 해외 혹은 국내 명산에 사람을 보내어 신선과 신선의 약을 구하였지만 70세로 사망했다.(『사기(史記)』)

15 불교를 신봉하여 대성 즉 궁성 안에 개태사를 세우고 불제자가 되어 부처 위하는 일을

부처를 존숭하고 믿었지만 대성에서 굶어 죽었으니 이것이 그 밝은 도리요, 큰 경험이다. 어찌 망령되어 살기를 구하여 불교를 숭봉崇奉하고 사사로이 원당願堂을 차지하여 간사한 중의 말을 믿고 스스로 정장呈狀을 쓴단 말인가.

왕실의 지친으로 먼저 나라의 법을 범하였으니 당연히 죄를 주어야 할 것이지만 우애가 지극하기 때문에 혹시라도 은정을 상할까 염려되니 뒤에는 이러지 말라."

그리고 정원政院에 전교하기를 "이 뜻으로 전지를 내려 대소 종친들에게 유시하라"고 하였다.(『연산군일기』 50권)

1503년(연산군 9년) 6월 21일 윤필상, 성준, 유순 등이 의논드리기를 '견성군 돈은 죄가 상당합니다. 지친을 법대로 죄 주는 것은 미안할 것 같으니, 파직만 하여 다른 사람들을 경계하게 하소서' 하였다.

또한 이극균, 이세좌, 박건 등은 여러 사람이 의논드리기를 '견성군 돈이 수월사에 대하여는 사사로이 창건한 것과는 다르니, 해당시킨 율律이 중할 것 같습니다. 또 법에는 팔의八議[16]가 있으니 하사한 노비만 회수하여 경계하도록 하소서"라 하였는데, 임금이 이들의 의논을 따랐다.

1505년(연산군 11년) 6월 10일 24세 때에 종친의 예禮를 견성군으로 하여금 다스리게 했다.

모두 하였지만 후경의 반란에 대성이 함락되어 굶어 죽었다.(『사기(史記)』)

16 죄가 감면되는 8가지 은전恩典이다. 중국 주나라, 당나라, 명나라에서 시행하였으나 각 항목의 범위에는 다소 차이가 있다. 의친(議親), 의고(議故), 의현(議賢), 의능(議能), 의공(議功), 의귀(議貴), 의근(議勤), 의빈(議賓)이다.(『연산군일기』 50권)

임금이 명하기를 "일찍이 듣건대 세조 때에 종실宗室 중에서 윗자리에 있는 사람이 아우들을 살펴서 잘못이 있으면 곧 의논해 처벌하였으므로 예도를 알았다 하는데, 이제는 그렇지 아니하여 왕자들이 궁중에서 자란 뒤 곧바로 사궁私宮을 짓고 나가 예도를 모르니 무릇 살펴볼 때 어긋남이 아주 많다. 회산군 염이 윗자리에 있으니 견성군이 예도에 어긋나 그로 하여금 규찰糾察하게 함이 옳다"고 하였다.

또한 연산군은 폐비 윤씨(연산군 생모)와 관련되어 처벌받은 귀인 정씨(성종의 빈)가 낳은 안양군安陽君 항㤚과 봉안군鳳安君 봉㦀의 처, 첩들을 종친에게 나누어 주었는데 안양군의 첩은 견성군 돈에게, 봉안군의 첩은 영산군寧山君 전(숙용 심씨 아들)에게 보냈다.

또한 "만약 안양군과 봉안군을 가엾다고 말하는 자는 죄가 있을 것이다"라 했다. "귀인 정씨는 두 왕자가 있기 때문에 교만하고 방종하여 국모(폐비 윤씨)를 위태롭게 하기에까지 이르렀다. 두 왕자의 첩을 여러 왕자에게 보내어주되 행여 자살하는 자가 있으면 그 부모를 모두 큰 죄로 다스리겠다"고 했다.(6월 14일)

또 의정부에 전지傳旨하기를 "두 왕자 어머니 정금이(귀인 정씨)가 화란을 꾸민 일은 죄가 크고 악이 극심하므로 참혹하여 말할 수 없다. 그 까닭은 그 소생을 끼고 질투를 꾸며 큰 변고를 일으켰고, 국모를 위태롭게 한 책임은 어미에게 있으나 그 원인은 아들에게 있으므로 천지 사이에 오래두어 두는 것이 마땅하지 못하여 살려줄 수 없다"고 하여 사사를 명하였다.(6월 15일)

전교하기를 "안양군과 봉안군의 아내를 결죄決罪한 뒤에 여러 왕자에게 나누어 내리라"고 했다. 1505년 견성군 돈과 회산군 염의 집

이 대궐에서 가까우므로 명하여 가흥청假興淸을 두게 하고, 다른 집을 취해서 주게 했다.(6월 24일)

연산군은 "돈(견성군)과 염(회산군)의 집은 본래 내려준 것이나 나라에서 지은 칸 수 외에 자기 돈으로 지은 것은 칸 수를 세어서 3분의 1은 값을 주라. 또 대궐과 가까운 재상의 집을 사서 돈과 염에게 주라"고 하였다.(11월 20일, 『연산군일기』 권60)

1506년 2월 10일에 파성부정巴城副正 철동哲同의 집을 받았다. 3월 1일 "유은종柳恩宗이 견성군에게 말을 패만悖慢(사람됨이 온화하지 못하고 거칠음)하게 하니 그를 국문하라"고 전교하였다.

"견성군 돈이 집 뜰에 서 있는데 그 집의 본주인 유은종이 얼굴을 가리고 지나가므로 그를 불러 물은즉슨, 대답하기를 '남의 집을 빼앗아 갔다'고 하면서 말이 매우 패만하였다 하니 밀위청에 내려 국문하라. 불복不服하거든, 낙형烙刑을 쓰라. 그리고 이런 사람이 익명서匿名書를 던졌는지도 알 수 없으니 철저히 조사하여 사실을 밝히라"고 하였다.(『연산군일기』 권61, 25세 때)

7월 6일 임금이 하교하기를 "유은종을 백 리 밖에서 형을 집행하라"고 하였다. 견성군 돈이 유은종의 집을 빼앗고 또한 작은 집도 차지하려고 했다. 이에 불만을 품은 유은종이 분노를 품고 항상 술에 취해 그 집 앞을 지나면서 '왜 남의 집을 빼앗는가' 하므로 돈이 거짓을 꾸미어 모함하여 아뢰니 임금이 노하여 죽인 것이다.(『연산군일기』 권63)

1506년(중종 1년) 10월 19일에 대간들이 들고 일어나 견성군 돈을 탄핵했다. '견성군은 폐조 때에 싼값으로 유은종 집을 억지로 사려고 하였는데, 유은종이 즐겨 따르지 않는 데 화가 나서 헛말을 만들어 임금의 귀를 미혹迷惑시켜 유은종에게 낙형烙刑을 쓰기까지 하였으며 끝내는 사형에 처하여졌습니다. 주상께서 등극한 뒤 이와 같은 일들은 모두 주인에게 돌려주게 명하였으나 견성군은 지금껏 차지하고 있으니, 청컨대 그 죄를 다스리소서.'(『중종실록』 권1, 25세 때)라고 하니 20일 견성군을 종부시로 하여금 추핵推覈하라고 명하였다.

1507년(중종 2년) 4월 16일 종부시宗簿寺 제조提調인 견성군 돈이 종학에 대해 임금께 아뢰었다. "폐조 때 종친들은 글을 읽지 말도록 하였기 때문에 종학宗學을 폐지하였던 것을 다시 하도록 명하였는데 일 맡은 이들이 늦장을 부리고 있습니다. 원하옵건대 속히 시행하여 가을이 되면 나가 배우게 함이 어떨까 합니다"라 하니 아뢴 대로 하게 하였다.

8월 26일 관직이 높지 않음에 불만을 품은 윤구수, 김잠, 하원수 이찬 등이 중종이 선릉(성종 능)에 제사를 지내러 가는 틈을 타 견성군 돈을 추대하고 박원종, 유순정 등을 제거하려 하였다고 노영손이 고변하였다. 전산군 이과李顆의 옥사가 시작됐다. 27일 견성군이 궐정에 이르러 임금께 아뢰기를 "소신이 지극히 가까운 근친近親으로 불평을 품은 자의 입에 오르내렸으니, 놀랍고 황송하기가 그지없습니다. 직을 버리고 대죄하기를 청합니다"라며 의관을 벗고 머리를 조아리며 통곡했다. 견성군에게 전교하기를 "저들 무리가 저들끼리 소란을 피웠을 뿐이지 견성군이 어찌 알 수 있는 일이겠는가? 대죄하지 말라"고 하였다.

같은 날 하원수河源守 이찬에게 형을 가해 신문하기를 아홉 번에 이르자 말하기를 "전산군全山君 이과李顆(성종 때 문신)가 신에게 말하기를 '윤구수는 병관兵官으로 같이 일을 하면 이루어질 것이다. 만약 윤구수가 응낙하면 아는 재상과 더불어 탐오한 세상을 제거하고 알고 있는 왕자군王子君을 함께 세운다면 조정이 숙청될 것이다'라고 하였는데 알고 있는 왕자군은 견성군을 이르는 것이고, 탐오한 재상은 좌·우의정을 지목한 것입니다. 또 말하기를 '윤구수를 만나려 하거든 네가 가서 말해보라' 하기에 신이 이러한 뜻으로 윤구수에게 가서 이르니 말하기를 '위의 사람들은 원훈元勳(나라에 큰 공을 세워 임금의 대우를 받던 노신)이니 황당하다' 하고 또 말하기를 '알고 있는 재상이 누구냐'고 하기에 신이 '확실치는 않지만 전산군 이과의 의사를 보니 구전, 김석철 등이 있다'고 하였습니다." 윤구수가 말하기를 '내가 마땅히 친히 가서 물어보겠다고 하였을 뿐 다른 말은 들은 것이 없습니다'라고 하였다.

이날 전산군 이과를 문초하였다. 하원수는 전날의 공초에서 조목별로 진술하고 승복하였으며, 같은 날 공초에서도 이과가 말하기를 "윤구수가 만약 응낙한다면 알고 있는 재상과 더불어 탐오한 재상 좌의정과 우의정을 제거하고 알고 있는 견성군을 함께 옹립하면 조정이 숙청될 것이다"라고 말하였다. 사건이 명백한데도 이과는 공초를 바른대로 말하지 않고 형벌을 가해 신문을 해도 불복不服했다.(8월 27일, 26세 때)

다음날 8월 28일 하원수가 다시 범죄 사실을 진술하기를 "지난번 이과와 서로 이야기할 때에 신이 묻기를 '측실側室도 왕이 될 수 있는가?'라 하니, 이과가 '홍치弘治나 한문제漢文帝도 모두 측실이다'라고 하였습니다. 이과가 '너의 이웃에 함께 일할 사람이 있는가'라 말하기에 신이 '무인은 없고, 다만 유생 신희철이 있다'고 하니 이과가 말하기를 '썩은 선비와 무슨 일을 의논하겠는가'라 말하였습니다. 이과가 견성군을 추대하겠다고 하기에 신이 '측실인데 어떻겠는가'라 물으니 이과가 '무슨 불가할 것이 있겠는가'라 하였습니다." 신이 "견성군이 만약 하고자 하지 않으면 어쩌겠는가" 하니 이과가 "견성군이 듣지 않으면 운수군雲水君(정종 아들 덕천군의 3남 효성) 역시 어찌 불가하겠는가"라고 답하였다. 이어 신이 함께할 사람을 물으니 이과가 "유영과 원서방이 이미 내 뜻을 알고 있으며 유영은 지금 포도부장捕盜部將이다"라고 했다.

8월 29일 역모 가담자에 대해 죄를 정할 것을 명하였는데 견성군은 추문하지 말라 명하였다. 9월 1일 종친들과 의정부에서 견성군이 역모한 이들의 입에 오르내렸으니 성 밖으로 내쫓을 것을 청했다. 임금은 허락하지 않았다. 또한 충훈부 당상 김감이 견성군 죄를 올바르게 다스리기를 청하였으나 죄가 없다 하여 허락하지 않았다. 10월 11일 영의정 유순과 육조에서 견성군 죄를 청했으나 허락하지 않았고 운산군雲山君 계誡(세종 5남 밀성군 침의 아들) 등이 견성군 일을 대의로 결단하기를 임금께 아뢰었다.(1507년(중종 2년) 10월 15일)

영사 박건, 특진관 박안성, 대사간 한세환, 집의 유희철이 견성군에 대해 논하기를 '전하께서는 우애友愛의 정이 돈독하지만 신臣 등은 종사를 위해 간곡히 아뢰어 청합니다. 어찌 우연히 헤아려 말하겠습니까. 개국 초에 남은과 정도전이 이방석(태조 아들)을 추대했다고 말하지만, 방석은 알지 못하였습니다. 그러자 이방원(태종)은 종사를 위해 과감하게 이방석을 제거했습니다'라고 아뢰었으나 따르지 않았다.(『중종실록』, 1507년(중종 2년) 10월 15일)

의정부, 육조, 충훈부忠勳府 및 종실 등이 견성군을 대의로 결단하기를 청하니 임금이 허락했다.

"이번 일이 종사에 관련된 것이라면 비록 형제의 지친 간이라 할지라도 옛 성인들은 모두 대의로 결단하였습니다. 속히 결정하여 종사를 안정케 하소서" 하니 임금이 대답하기를 "내가 어질지 못하므로 간사한 무리들이 구실을 삼아 우리 골육을 서로 보존하지 못하게 하고, 서로 해치게 하니 애통하고 측은하기 이를 데 없구나. 조정의 뜻이 이와 같기에 어쩔 수 없이 따른다" 하니 듣는 사람 모두 눈물을 흘렸다.(1507년(중종 2년) 10월 16일)

배소(간성군)에서 사약을 받아 마시니, 향년 26세였다.

10월 19일 견성군의 처자가 의탁할 곳이 없으니 봄, 가을에 쌀 20석을 주도록 했고 11월 4일에는 승정원에서 견성군 돈의 죽음에 대해 정조시停朝市(국상이나 재변이 있을 때 각 아문은 공사를 안 보고 시장은 문을 닫음)하는 것은 행行할 수 없음을 아뢰니 거행하지 말라 하였다. 11월 6일 유순정, 박원종 등이 견성군 자녀에게 연좌시키는 것은 지나침을 아뢰니 의논하여 시행하라 했다.

1508년(중종 3년) 10월 8일 장령 서지徐祉가 견성군 돈의 신원을 청했다. '즉위한 이후 성덕聖德에 누가 된 일은 견성군 죽음이며 그도 모르는 일이고, 또한 무죄함을 성상께서도 알면서도 망설이며 결정하지 못한 것을 알고 있습니다. 그 실수가 크므로, 그 부인과 자식들

을 후대하여 그 억울함을 풀어주고 또 후세로 하여금 이 일이 부득이한 데서 나왔다는 것을 알게 하소서.'

1514년 6월 15일 죽은 계성桂城, 안양安陽(성종 왕자), 완원完原, 회산檜山, 전성군全城君 등 왕자 부인에게 각각 쌀 15석을 하사했다. 견성군 부인에게는 봄, 가을로 주는 것이 있으므로 주지 않았으나, 견성군이 죄 없이 죽었기 때문에 중종 임금은 항상 불쌍히 여겨 특별히 명하였던 것이다.

1516년(중종 11년) 12월 10일에는 임금이 승지를 보내 견성군의 가묘家廟에 치제致祭했다.

정순옹주 복란 靜順翁主 福蘭

생몰년

기록 없음.

가족관계

부마 봉성위奉城尉 정원준에게 하가하였다. 슬하에 1남 정응이 있다. 1506년 사망하였다.

생애활동

남편 정원준은 이세좌의 외손자로 갑자사화 때 연좌돼 귀양살이를 하였다. 이세좌는 폐비 윤씨에게 사약을 전하여 훗날 자살 명을 받아 자결하였다.

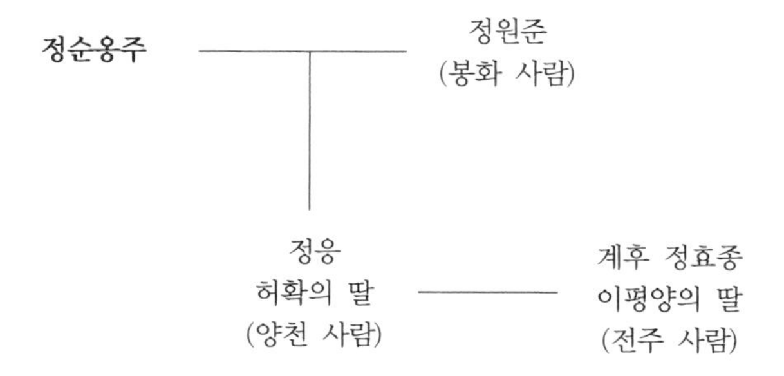

1506년(중종 1년) 10월 23일 임금이 정원에 묻기를 "봉성위 정원준은 오랫동안 밖에서 귀양살이를 하다가 이제 또 상을 당하였으니, 양등兩等의 녹봉을 주고자 한다"고 하니 정원이 아뢰기를 '그 곤궁함을 가엾이 여겨 내리고자 하시니, 전하의 전교가 지당합니다. 그러나 녹봉은 관수자官守者를 위하여 설치한 것이므로 헛되이 베풀어서는 안 되니, 따로 쌀과 콩을 내리는 것이 어떻겠습니까'라고 하였다.

전교하기를 "정원준은 나의 매부이고 집이 가난한 것을 잘 알기 때문에 한 말이다. 경들의 말이 옳으니 쌀과 콩을 내려주어라"고 하였다. 묘는 경기도 과천시 문원동 산 88, 사당은 경기도 여주시 대신면 보통리에 있다.

정순옹주 복란 태실

강원도 원주시 태장 2동 1266-11 태봉에 유형문화재 66호로 지정돼 있다. 옹주가 태어난 해에 태실을 건립한 것은 당시 조선 왕조의 왕녀 태실이 일반적인 현상이었기 때문이다. 본래 이 태실은 태봉산으로 불리던 해발 60m 정도의 야산 정상에 있었다. 주택지 개발로 사라질 운명에 있었으나, 발굴 조사되어 한림대학교에서 지금의 위치로 이전하여 설치했다. 석함은 애석하게도 도굴되었다. 궁중 태실은 금표를 세우고 이를 어기는 사람에겐 엄중한 처벌을 내려 감히 범접하지 못하였으나, 왕녀의 태를 함부로 버리지 않고 일정한 격식을 갖춰 땅에 묻었기 때문에 나름의 복운을 기원할 수 있었다.

익양군 회 益陽君 懷

생몰년

1488년(성종 19년) 7월 1일에 태어나 1552년(명종 7년) 1월 21일 향년 65세에 사망했다. 자는 순지順之다.

가족관계

정부인은 순천군부인順川郡夫人(정1품)으로 연일 정씨 첨지 중추부사 정문창의 딸이다. 슬하에는 6남 3녀가 있다.

생애활동

집에 도둑맞은 사실을 포도장에게 알려야 하는데, 개인 일을 직접 연산군에게 알려 동부승지와 도승지를 국문 받게 했다. 그러나 아뢴 것이 도리에 어긋났어도 사리와 체면을 모르고 한 것이라 하여 용서를 받았다. 어머니 숙의 홍씨가 사망한 후 3년간 여묘살이를 하여 예를 받들었다. 중종이 익양군 회와 이성군 관을 불러 어린 종친들이 방자하게 행동해도 타이르지 않고 두기 때문에 법을 위반하는 사람이 있으며, 이천군과 광천군의 잘못을 예로 들었다. 모두가 족장이 검속하지 않았기 때문에 발생하였으므로 철저히 검속하라고 명했다.

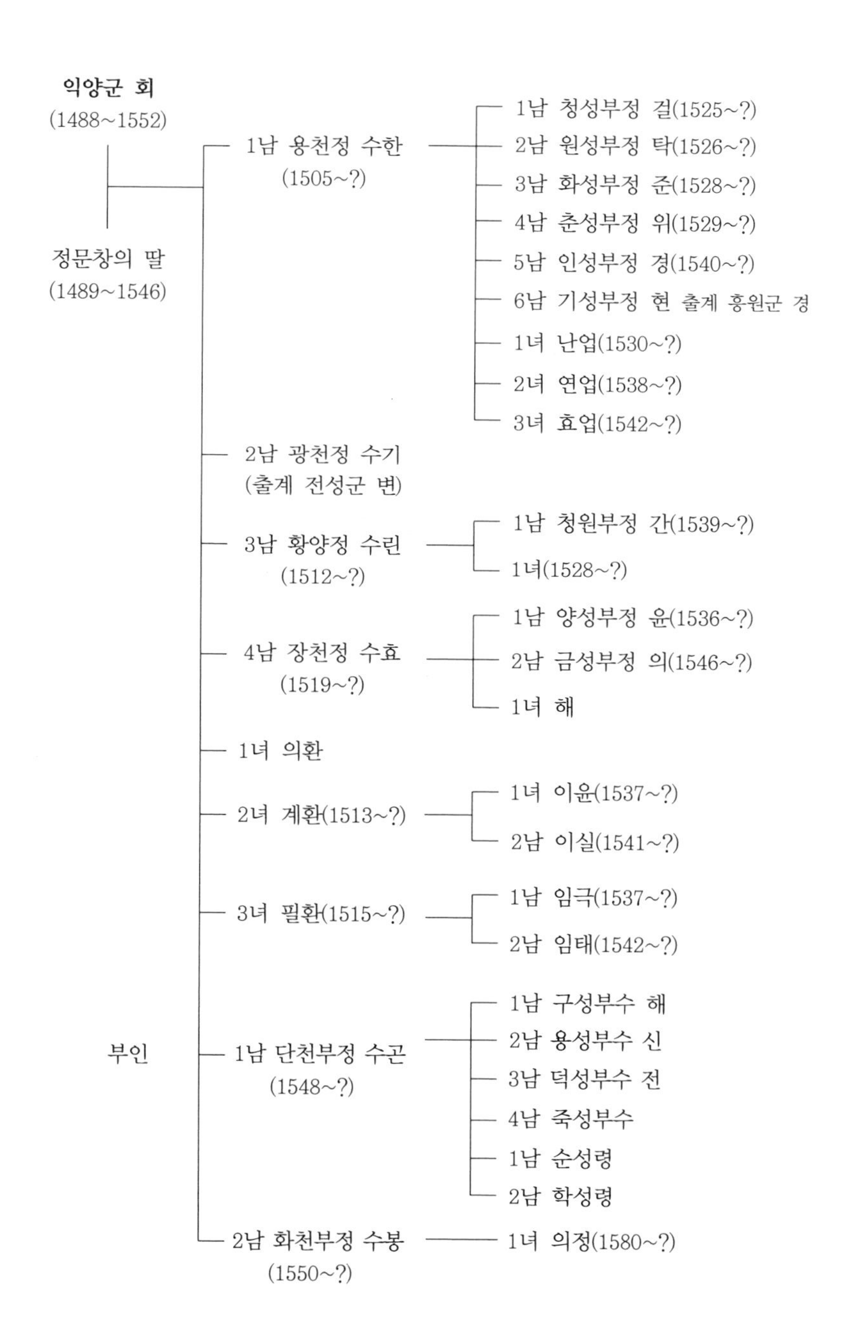
익양군 회
(1488~1552)
정문창의 딸
(1489~1546)
1남 용천정 수한
(1505~?)
1남 청성부정 걸(1525~?)
2남 원성부정 탁(1526~?)
3남 화성부정 준(1528~?)
4남 춘성부정 위(1529~?)
5남 인성부정 경(1540~?)
6남 기성부정 현 출계 홍원군 경
1녀 난업(1530~?)
2녀 연업(1538~?)
3녀 효업(1542~?)
2남 광천정 수기
(출계 전성군 변)
3남 황양정 수린
(1512~?)
1남 청원부정 간(1539~?)
1녀(1528~?)
4남 장천정 수효
(1519~?)
1남 양성부정 윤(1536~?)
2남 금성부정 의(1546~?)
1녀 해
1녀 의환
2녀 계환(1513~?)
1녀 이윤(1537~?)
2남 이실(1541~?)
3녀 필환(1515~?)
1남 임극(1537~?)
2남 임태(1542~?)
부인
1남 단천부정 수곤
(1548~?)
1남 구성부수 해
2남 용성부수 신
3남 덕성부수 전
4남 죽성부수
1남 순성령
2남 학성령
2남 화천부정 수봉
(1550~?)
1녀 의정(1580~?)

9세 때, 1496년(연산군 2년) 익양군에 봉해졌다. 6남 중 차남 광천정廣川正 수기壽麒는 성종 빈 귀인 권씨 아들 전성군全城君 변에게 양자로 갔다.

1505년(연산군 11년) 7월 16일 익양군 회가 집에 도둑맞은 사실을 임금에게 직접 알렸다 하여 동부승지 등을 국문하게 했다. 이날 익양군은 임금에게 아뢰기를 '지난밤에 도둑이 신의 집에서 면포綿布 950필을 훔쳐 그 자취를 쫓아 금산감錦山監의 집에 가서 한 사람을 잡았사오니, 형조로 하여금 추국하게 하소서' 하니 전교하기를 "일반적으로 보아 인가에서 도둑맞으면 포도장捕盜將이 곧 아뢰어 잡아야 하거늘 그렇지 않았으니 진실로 국문을 하여야 하며 익양군은 포도장에게 알려 전계轉啓하여야 하는데 개인 일을 가지고 직계하였고, 모든 공사公事를 어느 관사官司에 내릴 것인가 하는 것은 위에서 처분하는 것인데, 회가 마음대로 청하였으니 또한 국문하도록 하라. 그리고 익양의 무리는 궁중에서 자라서 그저 먹는 것이나 알았을 뿐 어찌 사리와 체면을 알겠느냐? 아뢰는 바가 비록 도리에 어긋났다 하더라도 승지 또한 시비를 가리지 않고 아뢰어야 하느냐? 동부승지를 국문하고 도승지 또한 검거檢擧(범죄의 증거를 모음)를 잘못하였으니 또한 국문하라"고 했다.(『연산군일기』)

1506년 19세 때 중종반정이 일어나 원종공신에 봉해졌다. 1510년(중종 5년) 어머니 숙의 홍씨가 사망하여 3년간 여묘廬墓(상제가 무덤 근처에 여막을 짓고 살며 지키는 일) 살이를 하였고 상례喪禮를 받아 예를 다하였다.

1514년 4월 14일 밤에 문소전文昭殿(조선 태조와 신의왕후 한씨 위패를 모신 사당) 헌관獻官(제사를 지낼 때 대표로 잔을 올리는 사람) 익양군 회가 홍택의 초상에 드나들었기에 빈청賓廳에 나아가 아침 수라를 올리는 것에 대해 임금에게 아뢰었다.

"대궐 안에서 숙직하던 홍택이 한밤중에 갑자기 죽어 신이 이미 범염犯染(초상에 드나드는 일)을 했으므로 아침 수라를 올리는 일이 도리에 맞지 않기 때문에 여쭙니다" 하니 임금이 말하기를 "밖에 있어서 재계齋戒(몸과 마음을 깨끗이 함)하지 않는 자는 제사에 참여하는 것이 옳지 않으나 범하지 않은 것이라면 그대로 제사를 거행하여도 된다. 또 내일 기신제忌晨祭(사망한 날 지내는 제사)와 문묘제를 지낼 것인지를 예관禮官과 의논하여 아뢰라" 하여 예조가 아뢰기를 '충의위가 죽은 곳은 정전正殿(왕이 조회하는 궁전)에서 멀고 음식도 이미 익혀서 마련하였으니 그대로 쓰는 것이 어떠하리까. 문묘(공자를 모신 사당) 별제는 늦추어서 지내는 것이 좋겠습니다' 하니 "문소전 제사는 아뢴 대로 하고 문묘 별제를 뒤에 지내는 것을 삼공三公에게 물으라"고 했다.(『중종실록』)

1516년 6월 27일 문소전 참봉 정희령이 장순왕후章順王后(예종 비) 신위판神位版과 부건副件(여벌)을 도둑맞았다고 아뢰었다.

임금이 말하기를 "그 말을 듣자니 놀랍고 마음 아픈 일이다. 대신들을 불러 의논하라" 하고 지난밤에 근무한 사람들은 조옥詔獄(임금의 명을 받아 신문하거나 가두는 곳)에 가두라고 명하였다. 또한 "제전 안에 의심할 만한 곳을 찾아보라"고 명하였다.

예조에서 임금께 아뢰기를 '도둑맞은 신주를 다시 만든 뒤 친제親祭를 지내야만 합니다. 제조提調는 봉심奉審(왕실의 묘나 능침을 살피는 일)하고 법을 어긴 일을 살펴서 찾아내고, 묘중을 엄숙하게 해야 옳을 터인데 소홀히 하였으므로 이렇게 된 것입니다. 관원들은 이미 추고推考케 하였으며 제조도 벌을 내리옵소서'라 하였다. 제조는 익양군 회, 팔계군 정(세종 손자, 임영대군 아들), 호조판서 이계맹, 우승지 신상이다.

또 그날 근무한 종친들도 모두 가두어서 추고하소서 하니 임금이 말하기를 "제조를 추고하라" 했다.(『중종실록』)

8월 1일 대간들이 문소전 제조로서 종실의 제조를 단속하지 못한 이유를 들어 죄를 줄 것을 청했다. "문소전 제조의 일은 모두 그대로 두라"고 명하였다. '익양군은 종실의 제조를 능히 단속하지 못하였을 뿐만 아니라 뇌물을 받은 일이 밝혀졌습니다. 다른 일이라면 종친은 지친이라 전하께서 마땅히 선처해야겠지만 이번 일은 큰일이라 조상 묘에 죄를 얻은 것이니 죄를 묻지 않을 수 없습니다.' 그러나 임금은 허락하지 않았다.

1517년(중종 12년) 2월 16일 상중喪中에 있는 이성군(성종 아들)과 영산군(성종 아들)에게 예전에 익양군이 삼년상을 지낼 때 두 차례에 걸쳐 쌀과 콩을 내려준 것 같이 녹祿과 일과一科를 주도록 했다. 12월 25일 이조판서 남곤이 아뢰기를 '익양군의 장남 수한을 봉군封君하였는데 선왕조에서는 비록 봉군한 일이 있지만 그것은 일시의 일일 뿐입니다. 그때에는 경국대전의 법이 없었던 까닭에 일정한 규례가 없었습니다. 그러나 지금은 대전이 이미 반포되고 국법이 만들어졌으니 특은으로 전례를 만들어서는 안 되고 한결같이 경국대전에 따름이 옳습니다. 지금 상언上言으로 희망하는 것은 더욱 불가한 일이기 때문에 감히 품합니다.'

전교하기를 "익양군 아들은 규례에 따라 상언한 것이다. 나는 조종祖宗朝에서의 친족을 친애하는 도리가 매우 지극하였다고 생각되는데 지금 적장자의 장자와 장손이 몇 사람이나 있는가. 이 때문에 그 말을 윤허했다. 지금 만일 그 길을 터놓는다면 규례를 원용하는 자가 반드시 있을 것이다. 아직 제수하지 말고 대신에게 의논해서 아뢰라"고 했다.

1522년 11월 15일 익양군 회, 이성군 관, 무산군 종 등이 임금께 아뢰었다. "지금 대비전이 편찮으시어 다른 궁궐로 이어移御하는데, 신 등이 집에 물러나 있기가 매우 송구스럽습니다. 청컨대 거둥할 때에 모시고 따라가게 하소서" 하니 말하기를 "옮길 때에 모든 시위侍衛를 간략하게 한 때문에 종재宗宰(왕의 친족)는 수가隨駕(거둥할 때 임금을 모시고 따라감)하지 못하게 하는 것이니, 거처를 옮긴 뒤에 문안하는 것이 좋다"고 하였다.

1525년 2월 12일 35세 때 일이다. 사헌부가 익양군의 일로 아뢰고 또다시 아뢰었다.

"익양군 회가 종친부 종부시의 제조인데, 종부시가 종친부 관리를 불러 왕자군들이 반차班次(반열 신분 등급의 차례)에 들어오지 않는 것을 물으며 회가 말하기를 '내가 제조인데 어찌 그럴 수 있는가' 하며 부리府吏를 보내지 않았고 도리어 부르러 간 사람을 때렸습니다. 따라서 종친부에서 반차에 들어가야 할 사람이 500명인데, 이달 1일 조하朝賀

(조정에 나아가서 임금에게 하례하는 일)와 11일 조참朝參(다달이 네 번 임금이 정전에 나온 앞에 백관이 인사드리고 할 말을 아뢰던 일)의 반차에 들어간 사람은 100명뿐입니다. 이는 회가 두 관사의 제조로 있으며 단속할 수 없게 해서 그런 것이니 체직하기 바랍니다"라고 고하니, 임금이 전교하기를 "익양군은 종부시 제조로서 또한 종친부 당상이 되었으니 더욱 단속해야 하는데 그렇지 않았으니 이는 진실로 잘못된 일이다. 그러나 이 때문에 체직할 수는 없다" 하였다.

1528년(중종 23년) 12월 4일 정원이 아뢰었다. 종친부 관원이 와서 말하기를 '익양군 회가 간밤에 기절하였다가 살아났는데 오늘 아침에 또 위급하게 되었다'고 아뢰니 "내의를 보내어 구원하게 하라"고 하였다. 12월 27일 익양군이 위중하여 의원을 보내주었고 밤에 입직 의원으로 하여금 유문하고 익양군 증세를 살피고 와서 아뢰게 하였다.

1534년(중종 29년) 9월 24일 종친부에서 진연進宴하였다. 임금이 경회루 아래에 나아가고 세자도 입시했다. 임금이 활을 직접 쏘았고 익양군이 모시고 쏘았으며 종친과 의빈 등이 차례대로 짝지어 쏘았다. 활을 쏠 줄 모르는 사람은 투호投壺를 하였는데 세자도 투호하였다.

주상께서 화악연華萼宴이라고 써서 출제하고 종친과 의빈 중에서 시를 지을 줄 아는 사람은 지어 바치게 하였는데 오언시나 칠언시 중 각자의 마음대로 짓고 운도 각자 달게 하였다.

흥원군(성종 손자) 경 등이 지어 바쳤고 그 이외의 여러 명이 함께 바쳤다. 종친과 의빈들이 차례로 잔을 중종에게 올렸다. 승지에게 전교하여 활을 쏘지 않은 늙은 종친 중에 춤추고 싶은 사람은 일어나서 추게 하였다.

1535년(중종 30년) 4월 15일 익양군 회, 이성군 관 등을 불러 전교하였다. "내가 들으니 조종조에서는 종친의 후대를 극진히 살폈다고 한다. 그러나 가르치고 타이르고 하지 않을 수 없기 때문에 나이 많은 종실로 하여금 젊은 종실을 살피게 하였었다. 그래서 망령된 행동으로 도리를 잃거나 노예奴隸를 제어하지 못하는 자가 있으면 반드시 모두 검속하게 했다. 이는 종실로 하여금 과오를 범하지 않게 하려고 미리 조짐을 막으려는 의도였다. 또한 조종조에서 종학宗學(왕족의 교육을 맡은 교육기관)을 설치했던 본의는 종친들로 하여금 배워서 예의를 알게 하려는 것이었으니 참으로 아름다운 일이다. 지금은 배우는 것을 부지런히 하지 않을 뿐만 아니라 어린 자제들이 각각 뜻대로 방자하게 행동해도 존장尊長이 단속하지 않기 때문에 법을 어기는 자가 많다. 비록 종부시가 있으나 유사有司(단체에서 사무를 맡아 보는 일)들은 과오가 현저히 나타난 다음에야 허물을 캐고 들춰내고 있다. 따라서 존장이 먼저 단속하여 허물이 없게 하면 과오를 막는 데 크게 도움이 될 것이다. 요즈음 대간(사헌부, 사간원 벼슬)의 의논을 들으니 이천군은 첩자(첩의 자식)의 속신贖身(속량, 종을 풀어주어 양민이 되게 함) 문제로 거짓 말미(휴가, 겨를)를 얻어 나쁜 짓을 자행하였고 또 오탁의 종을 만나려고 은율에 갔다 하였다. 광천군廣川君은 기생을 첩으로 삼아 말미를 받아 동래에 갈 적에 역말을 태워 데리고 가려 했다고 한다. 종친의 자제들이 이렇게 법을 범하는 것은 모두가 족장이 검속하지 않은 탓이다.

옛말에 '종실이 법을 범했을 경우 죄 주지 않으면 법이 폐기되고, 죄 주면 은혜가 상한다'고 했다. 이렇기 때문에 모름지기 미리 막아서 죄에 빠지지 않게 해야 하니 그대들은 나의 뜻을 받들어 자제들을 검속하여 이런 경우가 생기지 않게 하라." (『중종실록』)

1536년 5월 29일 "사헌부 서리들이 익양군의 딸인지 알면서도 고의로 머리채를 잡고 문밖으로 끌고 나와 떼어 놓기 어려웠다 한다. 듣기에도 놀란 일이며 명분이 없는 일로, 헌부 서리들에 대해 끝까지 신문하여 실정을 밝히라고 금부에 이르라"고 명하였다.

1546년(명종 1년) 7월 18일 정부인 순천 군부인 정씨가 사망했다. 명종이 정원에 하교하기를 "지금 내가 들으니 익양군 회 부인이 서거했다 하는데 내가 중복重服의 몸으로 거둥한다는 것은 미안한 일이다. 두 혼전魂殿의 상식례上食禮(아침저녁으로 드리는 음식)는 21일로 늦춰서 거행하라"고 했다.(『명종실록』)

1552년 1월 21일 익양군 회가 향년 65세에 사망했다. 임금은 3일간 정조시할 것을 명하였다. 1554년(명종 9년) 9월 26일 익양군의 사위 임보신(3녀 필환 남편)을 장악원정掌樂院正(장악원 정3품의 악관 문신)으로 삼았다.

임보신은 청간淸簡하고 온화하였는데, 아름다운 천성과 올바른 의지가 시종 변함이 없었다. 급제하게 되자 중묘中廟(중종의 묘호)는 그가 익양군의 사위인 것 때문에 특별히 차비문으로 불러오게 했었는데, 임보신은 사알私謁하기를 부끄럽게 여겨 가지 않았다. 이는 그의 뜻이 '사군자士君子란 정당하게 몸을 세워야 하는 것인데 어찌 처음 사진仕進하면서 먼저 사사로이 임금에게 바라겠는가' 하고 여긴 것이다.

그의 곧고 굳센 것이 대개 이와 같아 옛사람 중에서 찾아보아도 흔하지 않은데 오늘날 그를 아는 자가 적었다. 익양군은 중종의 형제였다.(『명종실록』) 시호는 순평順平이며 묘는 경기도 파주시 조리면 장곡리에 있다. 신도비는 경기도 유형문화재 121호로 1984년 9월 12일 지정되었다. 비문은 좌의정 김귀영이 글을 짓고 주부 한호가 글씨를 썼다. 도승지 김응남이 전액篆額을 썼다.

경명군 침 景明君 忱

생몰년

1489년(성종 20년) 8월 18일 태어나 역모 사건에 휘말려 억울함을 알고 근신하던 중 1526년(중종 21년) 5월 25일 향년 38세에 사망했다.

가족관계

부인은 강양군부인江陽郡夫人으로 파평 윤씨 첨정 윤첩의 딸이다. 1537년(중종 32년) 10월 2일 사망했다. 슬하에 2남 2녀를 두었으며 장남 안성정安城正 수령壽齡과 차남 안남정安南正 수련壽鍊, 딸 연환, 옥녀가 있다.

생애활동

경명군은 외지부를 모아 집에서 송사를 일으키는 등 옳지 못한 행동에 대해 박수문과 김광복이 임금께 아뢰어 익양군으로 하여금 감금하도록 했다. 또한 가노로 하여금 비리 송사를 일으켜 다른 사람의 노비를 빼앗아 사헌부에서 추문하려 하니 종부시에서 범인을 보내지 않고 있어 체직하라고 아뢰었다. 안처겸 등의 역모 사건에 휘말려 경명군 침을 추대하였다고 말해 대신들이 처지를 임금에게 촉구하였다. 이 '신사무옥 사건'으로 인해 안처겸의 일족을 비롯하여 많은 사람이 처형됐다. 궁지에 몰린 경명군은 자신을 처벌해 달라고 상소를 올렸으나 중종의 선처로 죽음을 면했다.

문초 과정에서 허위 자백이 드러났다. 사옹원 제조로서 귀중한 자기를 사사로이 사용하고 지연에게도 아무 생각 없이 주어 그 피해가 크다고 하였다. 어려운 일에 처할 때마다 대간들의 탄핵을 무마하고 지친이라는 형제애를 근거로 내세운 중종의 도움을 많이 받았다. 단아하고 검소한 성품과 뛰어난 학문으로 명망이 높았으며, 영민하고 늘 학문을 가까이했다.

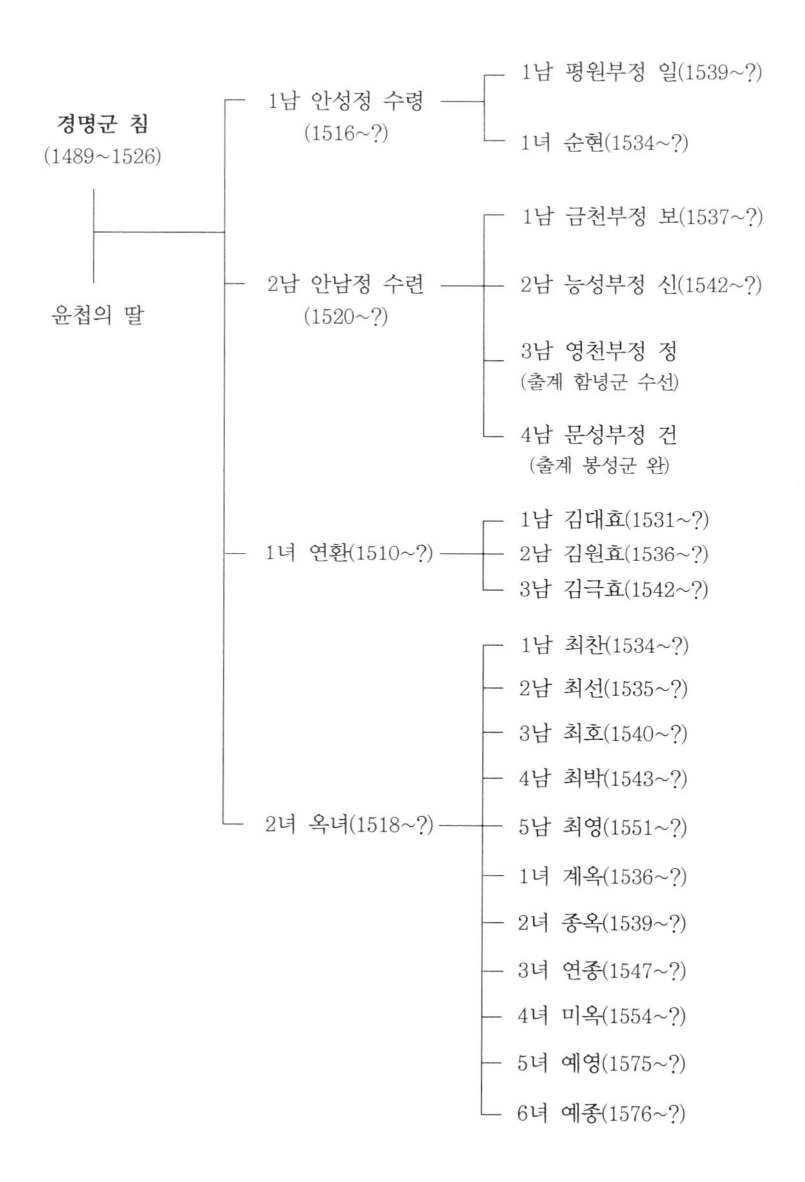
경명군 침
(1489~1526)
윤첩의 딸
1남 안성정 수령
(1516~?)
1남 평원부정 일(1539~?)
1녀 순현(1534~?)
2남 안남정 수련
(1520~?)
1남 금천부정 보(1537~?)
2남 능성부정 신(1542~?)
3남 영천부정 정
(출계 함녕군 수선)
4남 문성부정 건
(출계 봉성군 완)
1녀 연환(1510~?)
1남 김대효(1531~?)
2남 김원효(1536~?)
3남 김극효(1542~?)
2녀 옥녀(1518~?)
1남 최찬(1534~?)
2남 최선(1535~?)
3남 최호(1540~?)
4남 최박(1543~?)
5남 최영(1551~?)
1녀 계옥(1536~?)
2녀 종옥(1539~?)
3녀 연종(1547~?)
4녀 미옥(1554~?)
5녀 예영(1575~?)
6녀 예종(1576~?)

1519년(중종 14년) 1월 10일 조강에서 박수문과 김광복이 영산군(성종 왕자, 숙용 심씨 아들)과 경명군이 옳지 못한 일을 하고 있으니, 타일러야 한다고 아뢰었다.

"임금의 아들은 훈도하는 방법이 없습니다. 영산군寧山君 전恮은 밤에 미복微服(지위가 높은 사람이 무엇을 몰래 살피러 다닐 때 입는 남루한 옷)으로 종친이라 말하기도 하고, 생원이라 하기도 하면서 종 10여 명을 데리고 부장部將 이옹의 기생첩을 빼앗아 집에서 데리고 살았습니다. 또한 경명군 침은 외지부外知部의 사람을 끌어다 자기 집에 모아놓고 송사를 좋아하니 심히 좋은 일이 아닙니다. 종친이 죄가 있다 해서 법대로 처리하면 어려움이 많으니, 안에서 타일러 이런 일이 없도록 한다면 매우 좋을 것입니다."

임금이 말하기를 "나는 아직 이런 말을 듣지 못했다. 왕자란 마땅히 조심해야 하거늘 어찌하여 이 지경에 이르렀는가. 법사法司가 추문推問하면 그 상황을 정확히 알 것이다" 하니 김광복이 아뢰기를 "경명군이 외지부를 모으고 송사를 좋아한다는 것은 이미 많은 사람이 알고 있습니다. 친애한다면 의당 가르쳐야 합니다"라고 했다. 박수문은 또 아뢰기를 "친애하여 가르쳐 못된 짓을 하지 못하게 하는 것이 더욱 충후忠厚한 도리입니다"라고 하였다. 임금이 전교하기를 "영산군, 경명군 일은 내가 어찌 그들의 소행이 이렇게까지 되었을 줄 알았겠는가. 조종조에서는 족장을 시켜 교집敎戢한 일이 있으니 익양군을 불러다 검금하라는 뜻을 말했다. 또 의빈儀賓(부마, 임금의 사위)도 이런 폐가 있을까 하니 여천위 민자방(경숙옹주 남편)까지 아울러 불러다 말하라"고 했다.

4월 2일 사헌부가 경명군 침을 체직하기를 청하였다. '경명군이 집에서 일하는 사내종으로 하여금 비리송사非理訟事를 일으켜 다른 사람의 사내종과 계집종을 빼앗았으므로 사헌부가 그 사내종을 잡아 추문하려 하니, 종부시에서는 경명군이 종부시의 제조라 하여 즉시 잡아 보내지 않고 있습니다. 경명군은 제조로서 모든 종친의 잘못을 자세히 밝혀야 하는데, 자신이 먼저 불의不義를 많이 행하니 어떻게 아랫사람을 규검糾檢할 수 있겠습니까? 그러려면 반드시 자신의 행동을 먼저 바르게 한 뒤에라야 규찰할 수 있습니다. 속히 물러나게 하여 주시옵소서'라 하였으나 윤허하지 않았다.

7월 16일 사헌부에서 표문 배송拜送할 때 경명군이 무례했음을 사헌부에서 아뢰니 추국하도록 명하였다.

'어제 표문表文(마음에 담고 있는 생각을 적어 임금에게 올리는 글)을 배송하고 장막으로 들어갈 때 모든 백관이 말에서 내렸었는데 경명군 침은 말에서 내리지 않았을 뿐만 아니라 그대로 타고 달려서 지나갔습니다. 이는 백관(모든 문 무 벼슬아치)에게만 무례한 것이 아니라 실은 조정을 경멸한 것이니 국문하기 바랍니다' 하니 "경명군을 종부시로 하여금 죄를 다스리도록 하라"고 했다.

1521년(중종 16년) 10월 15일 시산정 이정숙이 모든 실정을 자백했다.

'초이렛날 신이 안처겸을 소격서동의 집으로 찾아가니, 대문 밖에 안장을 갖춘 말 5~6마리가 있기에 신이 들어가고 싶지 않아 사람을 시켜 부르자, 안처겸이 정상과 함께 나왔습니다. 안처겸이 나를 전송함을 핑계로 이미 많은 사람의 무사를 모았는데, 다만 아우 안처함이 나의 이런 일에 대해 화를 내며, 아버지에게 알려서 못하게 하려고 집에서 나가자 정상이 말하기를 '무사들이 이렇게 많이 모여서 사세가 중지하기 어려우니, 안처함에게 가서 고하지 말도록 만류해야 한다'고 하였습니다. 안처겸이 말하기를 '무사 70~80명은 지금 바로 모을 수 있다고 했습니다.'

10월 16일 최세철을 추문하게 하고 안처겸, 안형, 이성간 등을 신문하였다. 안형이 말하기를 "이달 초여드렛날 안처겸이 신의 집에 와서 '내일은 거사해야 하겠으니 아저씨도 사람들이 오도록 청해야 하지 않겠습니까' 하기에 신이 '공신도 되지 못할 일을 누가 하려 하겠느냐?' 하자 안처겸이 말하기를, '어찌 공신이 되지 못하겠는가? 경명군을 추대하는 일을 시산정과 약정했다' 하기에 신이 '내가 마땅히 사람들을 청해 오겠다'고 대답했습니다. 또한 안처겸이 하는 일을 들어 옛 친구 윤귀달, 윤효달, 권수중, 임광신, 민간에게 말하니 그 사람들이 말하기를 '우리도 사람들을 청해오겠다' 하였습니다. 신광수, 한근, 칠성수에 대해서는 애초부터 말을 하지 않았습니다"라 했다.

10월 27일 대신들이 경명군과 영산군 처치를 촉구하였다. 영의정 김전, 형조판서 이항 등이 아뢰기를 역적들을 추국할 적에 어떤 사람은 '경명군과 영산군은 사직이 위태롭게 될까 우려했다'고 하였고, 어떤 이는 '머지않아 경명군을 추대하려고 했다' 했는데 조정이 이 말을 듣고서 놀라움을 이기지 못했사오니, 시급히 합당하게 처치하여 천륜天倫을 온전하게 하심이 어떠하겠습니까.(신사무옥[17] 사건) 영산군

17 1521년(중종 16년) 10월 14일에 안당의 아들 안처겸 등이 기묘사화를 일으킨 남곤, 심정 등을 제거하려고 하다가 오히려 그들의 반격을 받아 역모를 획책하였다는 죄명으로 죽음에 이를 때 안처겸 등이 경명군 침을 추대하였다고 말하였다. 이로 인해 안처겸

은 지난해에 역신을 추국할 때에도 간사한 구초口招(죄인의 진술)에 올랐으니, 처치하지 않을 수 없습니다.

전교하기를 "처음에는 아주 작은 일이라 여겼는데 알고 보니 큰일이다. 친계親啓함이 당연하다"고 하였다.

10월 28일 정광필 등이 임금께 나아가 경명군과 영산군 처치를 재촉하니 죄줄 수 없다고 말하였다. 빈청에 나아가 서계書啓(임금의 명을 받아 일을 처리한 신하가 결과를 보고하는 문서)하기를 '어제 아뢴 경명군과 영산군의 일은 아래서 아뢰지 않을 수도 없고 중지할 수도 없는 일이니 빨리 은정恩情을 끊고 시급하게 처치하심이 어떠하리까?' 하자 대답하기를 "내가 듣건대 조종조에는 반역이 적었는데 내가 즉위한 뒤부터는 잇달아 일어나니 이는 내가 덕이 없기 때문이다. 더구나 선왕의 아들이 자주 간사한 사람의 구설에 오르게 되니 더욱 몸 둘 바를 모르겠다. 지난날의 견성군 일은 비록 부득이하게 된 것이기는 하지만 내가 매우 후회스러워 뒤에는 비록 간사한 자가 왕자를 빙자하더라도 동요하지 않기로 맹세했다. 이는 특히 한때의 일만이 아니라 만세를 염려한 것이다. 옛말에 이르기를 "한 자의 '베'도 나누어 꿰맬 수 있고 한 말의 '조'도 나누어 찧을 수 있는 법인데, 형제간에 서로 용납하지 못해서야 되겠는가? 하였는데 이 말은 예나 지금이나 마땅히 본받아야 할 말이다. 근래에 우애하는 일에 잘못된 것이 많은데 도리어 서로 용납하지 못하는 짓을 하겠는가.

의 일족을 비롯하여 많은 사람이 처형됐다.

대신이 된 사람들은 마땅히 임금을 허물이 없게 되는 대로 인도해야 하는 법인데 지금 골육지간에 용납하지 못하는 말을 하여 만세에 기롱을 받게 하려 하는가? 내가 심히 따르지 못한 일이다"라고 하였다. 정광필이 또 아뢰기를 '전하께서 천륜을 중히 여기시는 분부는 곧 훌륭한 덕으로서 신 등이 듣기에 감동됨을 금하지 못하겠습니다. 신인들 어찌 천륜이 중함을 생각하지 않겠습니까? 천륜을 중히 여기기 때문에 끝까지 보전하시게 하려고 거듭해서 아뢰는 것입니다. 신 등의 아뢴 말이 회남여왕淮南厲王(한 문제의 아우, 반역을 도모하다 촉으로 유배돼 굶어죽었다)의 일처럼 되게 하려는 것이 아니라 시급히 처치함으로써 천륜이 보존되게 하려고 하자는 것입니다. 도리 잃는 짓을 하도록 놓아두고 처치를 하지 않음은 성인도 평론한 바이니 시급히 처치한 다음에야 능히 보존하게 될 것입니다' 하니 대답하기를 "경 등의 뜻을 내가 알지 못하는 것이 아니라 그 처치한다는 일을 나는 알지 못하겠다. 당초 역적들의 죄를 청할 적에 왕자들에게까지 파급되어 관계되는 바가 가볍지는 않으나 막중한 천륜에는 지극히 정이 따르는 법이니 경 등의 감동했다는 말은 지극히 당연하다. 경명군과 영산군은 죄 줄 수 없다"고 하였다.

또 아뢰기를 '단지 녹祿만 주게 하고 쏘다니며, 사냥을 마음대로 하지 못하도록 함이 합당합니다' 하니 전교하기를 "경명군과 영산군이 만일 대신이 이렇게 아뢴 말을 듣게 되면 반드시 두려워하여 자중하게 될 것이다"라고 했다.

※ 견성군의 일: 중종 2년 이과가 중종을 폐하고 견성군을 추대하려고 반역한 사건으로 혐의를 받고 간성으로 갔다가 사사된 사건.

10월 29일 경명군과 영산군이 자중할 처치를 내리도록 정광필과 남곤이 아뢰었다. '어제 전교에 경명군과 영산군이 조정에서 아뢴 말을 듣는다면, 어찌 두려워하여 자중하지 않겠는가 하셨는데 성상의 전교가 지당하십니다. 그러나 영산군은 전번에도 구설에 올랐었지만 자중함을 보지 못했으니, 이들이 어찌 논계論啓 때문에 자중할 사람들이겠습니까. 모름지기 전하께서 시급히 처치를 하여 자중하도록 한 다음에야 그들이 또한 두려워할 줄 알게 될 것입니다. 천륜을 중히 여기는 일을 신 등이 잘 생각해보지 않을 것이 아니오니 그가 자중하도록 하여 스스로 보전되게 함이 곧 천륜을 중히 여기는 일입니다.'

전교하기를 "지친을 대우만 하고 교회教誨는 하지 않아 실패하게 된다면 이는 천륜을 보전하는 길이 아니다. 경 등의 말이 합당한 듯하니 그로 하여금 녹祿만 잃지 않도록 하고 제조는 체직하고 교유交遊를 끊고, 공회公會에도 참여하지 않도록 하여 두문杜門하고 스스로 근신하게 한다면 비록 죄를 가하지 않더라도 교회하는 길이 될 것이다"라고 하였다.

1521년(중종 16년) 11월 3일 경명군, 영산군을 함부로 출입하지 못하도록 하는 절목節目도 의논하라 했다. 대신들이 종부시 제조 경명군, 영산군을 제재하는 법을 의논하여 아뢰니 전교하기를 "종부시가 종친을 검거하기는 하였지만 만일 높은 사람이라면 사세가 혹시 곤란할 것이니 헌부로 하여금 검찰하도록 함이 가하다"라 했다.

제재하는 법은 다음과 같다. 모든 모임에 가서 은밀한 일을 하지 못하도록 한다. 한인閑人(한가한 사람), 잡인雜人(아무 관계없는 사람)들이 족친이라 핑계 대고 드나드는 자는 분경죄奔競罪(벼슬을 얻기 위해 엽관 운동을 하는 일)로 논한다. 종부시가 불시에 서리書吏를 내보내 감찰하되 적발하여 보고하지 않는 자가 있으면, 금부가 검찰하여 천방죄擅放罪로 논한다.

11월 16일 대간이 경명군, 영산군의 방한 조항에 대해 차차를 올렸다. 대간이 차차를 올리기를 '전일에 대신 등이 경명군과 영산군의 일을 가지고 연일 진계陳啓하기에 신 등이 또한 대신들의 계책이 반드시 원대한 생각이 있으리라 여겨 전하께서 처치하시기를 정하였는데, 이어 겸직을 모두 떼어버리라는 분부를 듣게 되었으니 이는 전하께서 우애하는 정이 돈독하시어 교회하는 뜻을 보인 것입니다. 그러나 친친親親하는 의리에 있어 어떠하겠습니까? 신 등이 전일에 아뢴 말을 전하께서 은정을 손상하게 되지 않도록 하려고만 한 것입니다. 이런 절목과 같은 뜻으로 말한 것이 아니었습니다. 지금 경명군과 영산군은 스스로 지친이라 하여 교만하고 건방지게 방자함이 모반하지 않았고 이 같은 잘못이 없고 단지 역적들의 구초에만 오른 것인데, 그 금방禁防하는 조항이 적중을 잃은 듯합니다. 전하께서 지친 대우하는 도리를 한 무제만 못하겠습니까? 삼가 바라건대 전하께서 유의하시어 더 생각하여 후회를 남김이 없도록 하소서' 하니 말하기를,

"경명군, 영산군 일은 당초에 대신들이 무뢰배들과 사귀지 못하도록 해야 한다고 하기 때문에 해사該司로 하여금 절목을 마련하도록 했었고, 해사가 곤란하게 여기기 때문에 또한 대신들로 하여금 의논하도록 한 것인데 그 절목이 과연 과중하게 되었으니 다시 의논하겠다." 또 말하기를 "경명군과 영산군의 방한절목防閑節目은 나의 생각이 지나치다고 여기는데, 대간이 또한 말을 함이 당연하니 내일 대

신들과 다시 의논하라.”

11월 17일 임금이 경명군과 영산군이 차이가 있음을 말하였다. “어제 대간들이 말하기를 경명군과 영산군의 방한절목이 적중을 잃었다고 했는데, 그들이 아뢴 말이 합당하다.”

남곤이 아뢰기를 ‘신 등이 당초에 의논하기는 외방外方으로 나가 살도록 하려 했는데 전하께서 천륜을 들어 중난하게 여기시기 때문에 그렇게 한 것입니다. 지난날에 견성군이 간사한 사람들의 구초에 오르게 되자 그 처단이 너무 과중했기 때문에 전하께서 매우 애통하게 여겼고, 아래서도 역시 차라리 후하게 한 것만 못하다는 생각이 있었으니, 대간들이 필시 이런 뜻에 따라 말한 것입니다. 신들이 또한 어찌 알지 못했겠습니까? 그러나 이번 일은 가볍게 할 수가 없습니다. 조종 이래로 종친들에게 조관朝官들과 사귐을 허락하지 않았는데, 이는 박하게 대하는 것이 아니라 보전되게 하려 한 것입니다. 만일 이런 금방을 시행했다면 전일의 시산정詩山正이 어찌 그런 불측한 모의를 했겠습니까? 무뢰배들과 사귀다가 그렇게 된 것입니다. 영산군이 간사한 사람들의 구초에 오른 것이 한 번만이 아니니 잘못을 반성했어야 했는데, 출입을 마음대로 하고 개와 말을 많이 길러 조금도 조심함이 없으니 만일 일찌감치 방도를 취하지 않는다면 후환을 제거하기 어려울 것입니다.’

“나는 대간들이 아뢴 말 뜻을 알지 못하겠다”고 임금이 말하였다. “차자의 포속布粟(베와 조)에 관한 말을 인용했는데 나의 뜻도 그렇다고 생각한다. 만일 절목을 만든다면 바로 안치安置하는 것과 같아 상심하게 될까 싶은데, 조종조에도 이런 절목이 있었음을 듣지 못했다. 영산군은 조심하지 않았지만 경명군은 방자한 짓을 하지 않았으니 종부시 제조도 아울러 체직할 것이 없다."

남곤이 아뢰기를 '영산군과 경명군은 차이가 있습니다'라고 하였다.

1522년(중종 17년) 2월 24일 경명군과 영산군을 공회(공사로 인한 모임)에 참여하도록 일러주라고 전교하였다. "경명군과 영산군이 드나들지 못하도록 하는 일을 대신들이 의논했으나, 그것은 불가한 일이라고 하여 그 의논이 중지되었다. 경명군과 영산군은 공회라 하더라도 참여하지 않고 있으니 앞으로는 마음대로 들게 하라"고 했다.

1524년(중종 19년) 6월 27일에 대간·정원 등이 진하사 파견 경명군과 이성군의 체직 등에 대해 아뢰었다. 대신들이 아뢰기를 '경명군 침은 사옹원 제조가 되어 폐해를 끼친 것이 매우 많습니다. 이성군 관은 삼전제조가 되어 하인을 부리는 데에 역시 폐단이 많이 있습니다. 모두 제조에 합당하지 않으니 빨리 교체하소서' 하고 또 아뢰기를 '경명군은 외람된 일이 많이 있습니다. 자준, 자기 같은 매우 귀한 물건을 진상進上하는 것일지라도 장만하기 어려운데 그것을 사사로이 주구誅求하는 것이 끝이 없고, 친분이 두터운 사람이 청하면 아무 생각 없이 주어 그 폐해가 매우 많습니다. 이성군은 하인을 부리는 데에 공평하지 않은 점이 있습니다. 청탁하면 놓아주어 전혀 복역服役하지 않아 청탁하지 않는 사람만이 그 고통을 받아 옷을 빨 틈도 없어, 제사를 받드는 일에 불결한 것이 많이 있으니 그 폐해가 적지 않습니다.'

임금이 전교하기를 "경명군이 '자기'를 사사로이 썼고 이성군이 하인을 불공평하게 부렸으면 이것은 큰 폐단이다. 그것이 사실인지는 아직 확실히 알 수 없다. 사옹원과 삼전의 제조는 반드시 맡은 일에 충실하고 책임감이 있는 종실로 제수하는 것이 규례다. 대간이 이처럼 잘못된 점을 따지고 캐물었으니 어찌 그들을 징계하지 않겠는가?"라 했다.

1524년(중종 19년) 6월 28일 대간과 헌부가 경명군과 이성군을 파면할 것을 건의했다. '경명군 침과 이성군 관은 벼슬살이에 있어서 모두 삼가지 않으니, 어떻게 일을 삼가지 않는 사람으로 백성을 다스릴 수가 있겠습니까?'

그러나 임금은 윤허하지 않았다. 7월 4일 대간이 경명군과 이성군 일을 아뢰기를 '저들이 스스로 징계하지 않아 방자하게 된 뒤에 어쩔 수 없이 죄를 주면 또한 우애하는 뜻이 아니니 빨리 물러나게 하소서' 하고 사헌부, 대사헌에서 다시 상소하였다.

임금이 전교하기를 "경명군, 이성군의 일은 내가 처음에는 그들이 대간의 말을 들으면 스스로 징계할 것이라고 생각하였다. 종실 사람에게 일을 맡겼다가 잘못이 있는데 그 죄를 다스리지 않으면 법을 해치고, 그 죄를 다스리면 은혜를 상할 것이다. 일을 맡기고서 그 잘못을 죄주면 우애하는 도리를 보존할 수 없을 것이니 갈도록 하라. 그렇게 하여 그들 스스로 뉘우치면 다시 쓸 수 있을 것이다."

1526년(중종 21년) 6월 2일 시강관 강현이 경명군이 죽을 때 세자가 조강에 참여한 것은 친친의 도리에 어긋남을 지적했다. '자주 경연에 나가는 것은 매우 아름다운 일입니다. 그러나 지금 경명군이 죽은 지 7일도 못 되었습니다. 귀한 이를 존경하는 예로 말하면 종친으로서 받아야 할 예우가 없기는 합니다만, 귀한 이를 존경하는 예를 시행하는 가운데 의당 친척을 친하는 의도는 존속시켜야 하는 것입니다. 세자께서 잇달아 서연書筵을 여는 것은 학문에 근면하기 때문입니다. 그러나 제왕의 학문은 많이 읽는 데 있는 것만은 아닙니다. 어릴 때부터 임금과 신하의 의와 친척을 친하는 온정을 계도해 주는 것도 학문입니다. 종실은 매우 절친한 사이이므로 분수를 앞세울 수만은 없는 것입니다. 또 듣기로는 그날 경명군이 일찍 죽었는데도 오히려 조강朝講에 나아갔다고 합니다. 경명군이 죽음에 임박했는데도 주상께서 모르셨으니, 신은 진실로 임금과 신하의 분수가 지극히 엄하다는 것을 압니다만 친애하는 의에 있어 어떻겠습니까?' 하니 임금이 말하기를 "아뢴 말이 옳다. 그러나 경명군은 당초 미미한 더위로 얻은 병이었는데 갑자기 죽은 것이다. 그래서 내가 바로 알지 못하여 조강에 나간 것이고, 끝난 뒤에 비로소 들었다. 지금은 정조停朝의 기간이 이미 지났고 또 여러 날 경연을 폐했기 때문에 이제 비로소 나온 것이다"라고 하였다.

경명군은 단아하고 검소한 성품과 뛰어난 학문으로 명망이 높았으며 중종의 지우를 받으면서 종친부·종부시·사옹원의 도제조와 문소전도 함께 맡았다.(『전주이씨대관』)

1537년(중종 32년) 10월 2일 경명군의 부인 파평 윤씨가 돌아가셨다. 4일에 시행할 전시殿試를 예조로 하여금 2~3일 물려 날을 정하도록 했다. 묘는 경기도 의정부시 신곡동 산 12-1에 있으며 의정부시 향토유적으로 지정돼 있다.

운천군 인 雲川君 寅

생몰년

1490년(성종 21년) 11월 24일 태어났다. 9세 되던 1499년(연산군 5년)에 운천군으로 봉해졌다. 1524년(중종 19년) 5월 14일 향년 35세에 세상을 떠났다.

가족관계

정부인은 학성군부인鶴城君夫人으로 안동 권씨 참의 권인손의 딸이다. 작은 부인 없이 정부인 사이에 4녀를 낳았으며, 아들이 없어 형 완원군 수의 아들 이천정伊川正 수예壽禮를 계후로 삼았다. 큰딸 계영은 이구에게, 차녀는 이종효와 혼인하였다. 3녀 주영은 박순년에게, 4녀는 이경종에게 출가했다.

생애활동

어려서부터 영특하여 부왕 성종이 빈천賓天의 호를 내려주었다. 남아 있는 기록이 거의 없다. 총명하고 지혜로움이 넘쳐 혼인 이후에도 온화한 성품으로 지켜야 할 도리를 지키며 가정을 이끌었다.

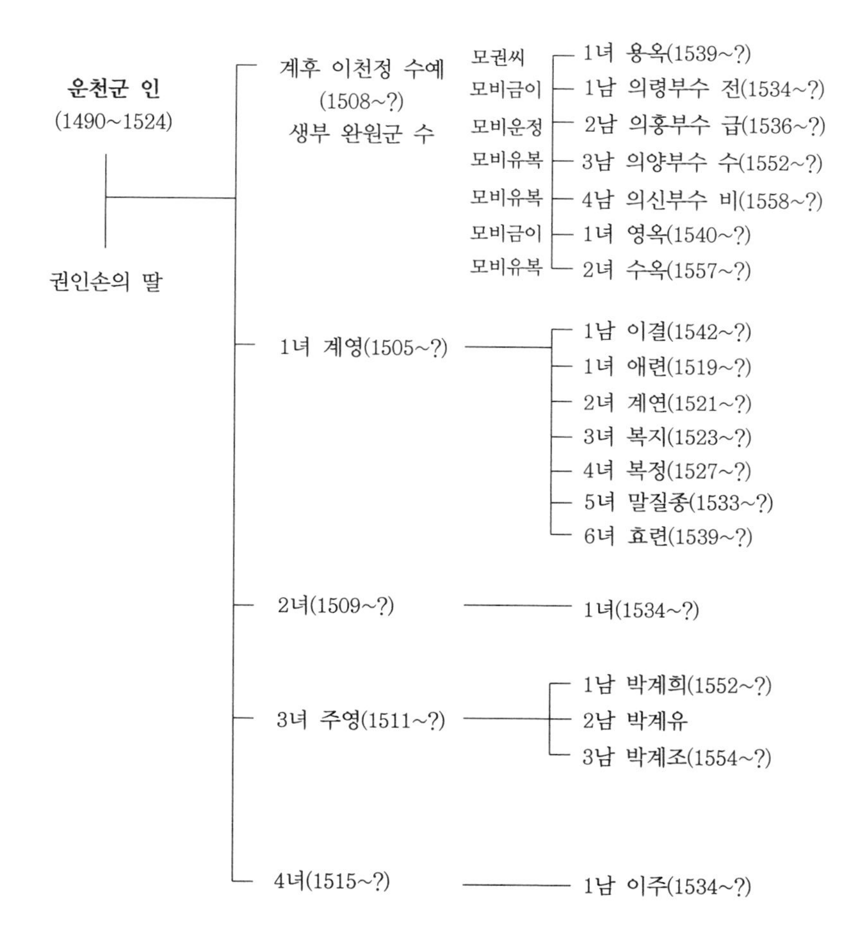

운천군 인
(1490~1524)
권인손의 딸
계후 이천정 수예
(1508~?)
생부 완원군 수
모권씨
1녀 용옥(1539~?)
모비금이
1남 의령부수 전(1534~?)
모비운정
2남 의홍부수 급(1536~?)
모비유복
3남 의양부수 수(1552~?)
모비유복
4남 의신부수 비(1558~?)
모비금이
1녀 영옥(1540~?)
모비유복
2녀 수옥(1557~?)
1녀 계영(1505~?)
1남 이결(1542~?)
1녀 애련(1519~?)
2녀 계연(1521~?)
3녀 복지(1523~?)
4녀 복정(1527~?)
5녀 말질종(1533~?)
6녀 효련(1539~?)
2녀(1509~?)
1녀(1534~?)
3녀 주영(1511~?)
1남 박계희(1552~?)
2남 박계유
3남 박계조(1554~?)
4녀(1515~?)
1남 이주(1534~?)

숙의 홍씨 7남 3녀 중 여섯째 아들로 태어났다. 자는 인지이며, 시호는 소회이다. 어려서부터 영특하고 뛰어남이 남달랐다. 연산군이 보위에 오른 이후 정사를 소홀히 하고 사치와 향락에 빠져 방탕한 생활을 하며 인륜에 어긋나는 난폭함을 보이며 형제 왕자들과 선왕의 부인을 죽이는 등 포악한 행동을 했다. 이런 혼란의 시기에 종친으로서 목숨을 부지하기 어려울 때 나이 어린 운천군은 근심과 걱정으로 마음고생이 심해 병을 얻었다.

운천군 인이 20여 년 동안 침면 생활을 하다가 1524년(중종 19년) 5월 14일 사망했다. 조정에서는 특별히 장례에 쓰일 물건을 내리고, 3일 동안 경연을 하지 않았다. 실록에는 갑자기 사망했다는 기록 이외에는 자세한 내용이 남아 있지 않다. 1524년 9월에 남양주시 금곡동에 안장했으나 1565년 부인 안동 권씨가 향년 77세에 사망하니 묘역이 협소하여 합장할 수가 없었다. 묏자리를 다시 잡아 경기도 파주시 마장리로 이전하여 합장하였다. 이때 묘석을 중종이 내려주고 부의와 제례를 초상 때와 같게 치르도록 도와주었다. 아들 이천정은 뛰어난 인품과 극진한 효심을 지녔고, 창선대부(정3품) 벼슬을 제수받았다. 1526년 제안대군이 사망하자 중종이 명하기를, “종친 중에서 영특하고 집례에 밝은 사람을 택하여 상례를 주관하도록 하라”고 했다. 이 일을 맡아 잘 처리한 후 명선대부(정3품 도정) 벼슬을 받았다.

1566년(명종 21년) 9월 24일 사헌부에서 운천군 인과 능성군 구사안(중종의 부마) 묘를 옮기는 데 조묘군造墓軍의 잘못된 일을 말하였다.

‘국가에서 장사 지낼 때 동원되는 사람은 당령수군當領水軍을 국가의 예산안에 의하여 지급하였는데, 그 경우 본역本役에 준하여 일을 시키므로 처음에는 농민들에게 폐단이 가는 일이 거의 없었습니다. 그런데 을묘왜변[18]이 있은 뒤부터는 해조該曹가 공사를 하게 되면, 바쁜 농사철이라 하더라도 주변의 백성을 징발하여 묘 만드는 일을 시키는데 그 사이에 공사 담당자가 마음대로 인원수를 늘리고 품삯을 더 거두어들이는 폐단이 많이 있으므로 백성들이 그 괴로움을 견디지 못하여 원성이 길에 가득합니다. 그러니 수군을 본역에 준하여 사역시키는 일보다 더 편리한 것이 없습니다. 지금 죽은 운천군 인과 능성군 구사안을 천장하는 데 조묘군을 지급하되 그 인원수를 처음 장례할 때와 다름없게 지급하니 민폐가 적지 않습니다. 그러하니 지금부터는 예장 때의 조묘군은 모든 해당 관내의 수군을 제급題給하고 천장할 때에는 인원수를 절반으로 줄여서 있었던 민폐를 제거하소서' 하니 아뢴 대로 하라고 답하였다.

1872년(고종 9년) 3월 7일 왕께서 운천군 내외의 무덤에 종신宗臣을 보내어 치제하게 하라고 전교했다. 묘는 경기도 파주시 광탄면 마장리에 있으며 파주향토문화 12호에 지정돼 있다.

---

18 1555년(명종 10년) 전남 해남군 달량포에 왜선 60여 척이 쳐들어온 사건. 이 사건으로 비변사가 설치되었다.

양원군 희 楊原君 憘

생몰년

1491년[19](성종 22년) 2월 12일 태어나 1551년(명종 6년) 5월 12일 향년 61세에 질환으로 사망했다. 휘는 '희'이고 자는 '흔보欣甫'이다.

가족관계

정부인 문천군부인은 평양 조씨 조경의 딸로 소생 없이 일찍 사망했다. 계부인 양근군부인 문화 유씨 사이에 함녕군 수선을 낳았다. 선산 김씨와 모양녀, 학정, 모비, 모양녀, 모비 부인이 있다. 슬하에 4남 8녀를 두었다.

생애활동

어릴 때 부왕 성종의 사랑이 매우 두터워 3세 때 특별히 양원군으로 봉해졌다. 종친부 제명기에 익양군 회, 계산군 수계와 함께 참여했다. 중종이 칠덕정에서 열무할 때 몸가짐이 거만하여 사헌부의 탄핵을 받았다.

---

19 『선원록』에는 1491년 태생으로, 『선원속보』 양원군 파보에는 1492년에 태어난 것으로 기록되어 있다.

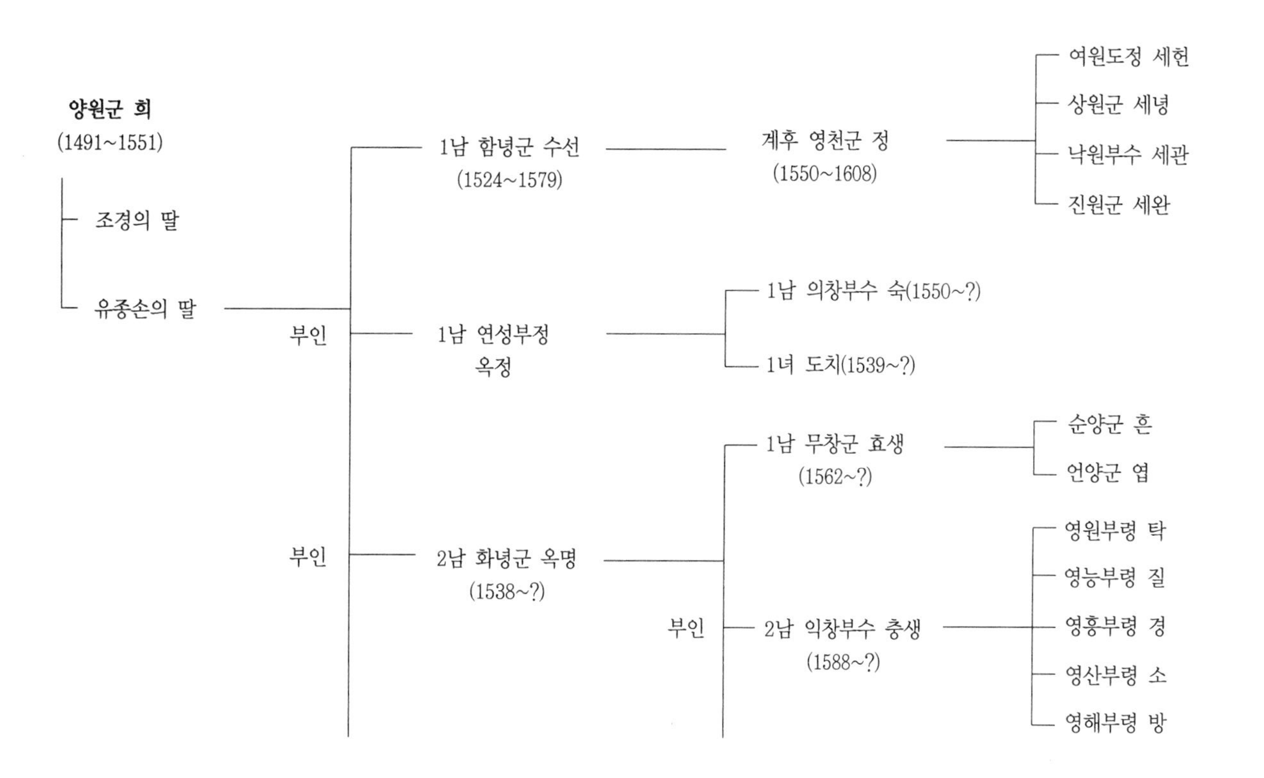

양원군 희
(1491~1551)
조경의 딸
유종손의 딸
부인
부인
1남 함녕군 수선
(1524~1579)
계후 영천군 정
(1550~1608)
여원도정 세헌
상원군 세녕
낙원부수 세관
진원군 세완
1남 연성부정
옥정
1남 의창부수 숙(1550~?)
1녀 도치(1539~?)
2남 화녕군 옥명
(1538~?)
1남 무창군 효생
(1562~?)
순양군 흔
언양군 엽
부인
2남 의창부수 충생
(1588~?)
영원부령 탁
영능부령 질
영흥부령 경
영산부령 소
영해부령 방

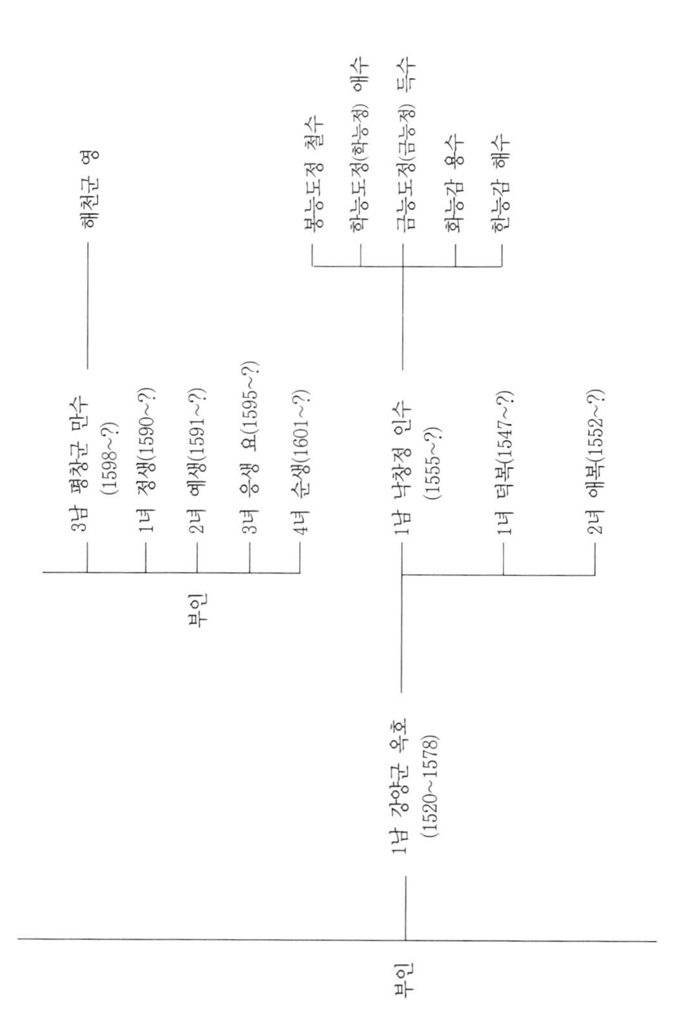

부인
1남 강양군 옥호
(1520~1578)
부인
3남 평창군 만수
(1598~?)
해천군 영
1녀 정생(1590~?)
2녀 예생(1591~?)
3녀 응생 묘(1595~?)
4녀 순생(1601~?)
1남 낙창정 인수
(1555~?)
봉능도정 철수
하능도정(하능정) 애수
금능도정(금능정) 득수
화능감 용수
한능감 해수
1녀 덕복(1547~?)
2녀 애복(1552~?)

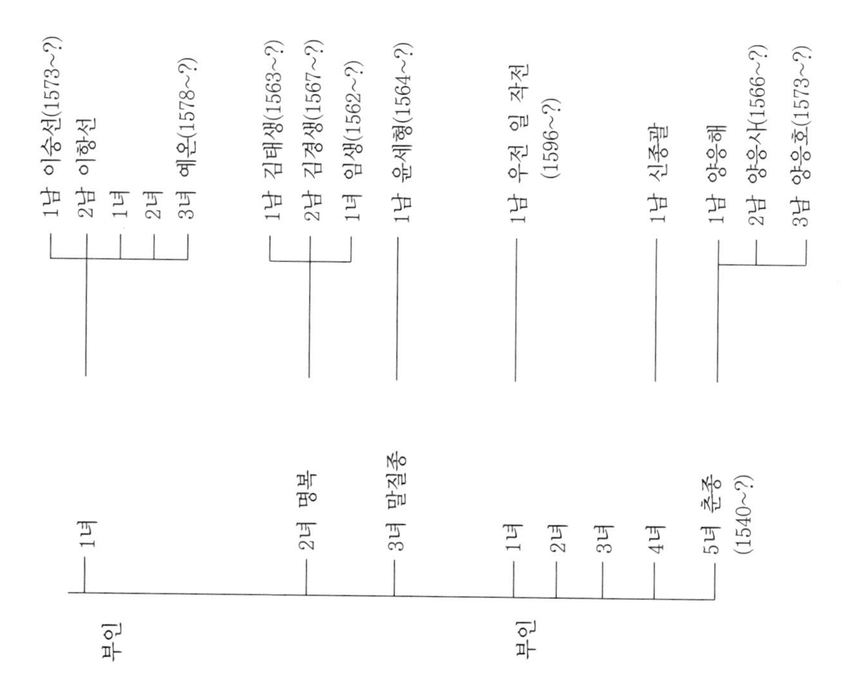

부인
1녀
2녀 명복
3녀 말질종
부인
1녀
2녀
3녀
4녀
5녀 춘종 (1540~?)
1남 이승선(1573~?)
2남 이항선
1녀
2녀
3녀 예온(1578~?)
1남 김태생(1563~?)
2남 김경생(1567~?)
1녀 임생(1562~?)
1남 윤세형(1564~?)
1남 우전 일 작전 (1596~?)
1남 신중괄
1남 양응해
2남 양응사(1566~?)
3남 양응호(1573~?)

1506년(중종 1년) 16세 때 정국공신 원종일등훈靖國功臣原從一等勳이 내려졌고, 1510년(중종 5년) 9월 12일 어머니 숙의 홍씨가 사망하여 삼년상을 치렀다.

1517년(중종 12년) 11월 19일 동부승지(승정원 정3품) 유운이 임금께 아뢰기를 양원군 희에게 처부모 산소에 가는데, 휴가 주는 일과 말을 제공하라는 전지에 대해 말하기를 '예전에 그런 일이 없었습니다'라고 하니 전교하기를 "예전에 그런 일이 없었다면 그 연유를 양원군에게 말하도록 하라. 그리하면 의혹이 풀릴 것이다. 또 승지의 할 일은 출납을 다 사리에 적합하게 해야 하니, 명을 낼 때에만 살필 것이 아니라 들일 때에도 적당한지를 잘 살핀 뒤에 아뢰어야 한다"고 하니 유운이 아뢰기를 '양원군이 빈청에 와서 직접 아뢰었으므로 신이 막지 못하였습니다'라고 했다. 전교하기를 "법이 행해지지 않는 것은 귀근貴近에게서 말미암은 것이다. 과연 법에 어그러진다면 좇을 수 없으니, 뜻을 받들어 행하지 말라"고 하였다.

12월 15일 정부인 문천군부인文川郡夫人 평양 조씨가 슬하에 자식 없이 1517년 18세에 사망했다. 군부인은 충의위 증贈 찬성 조경의 딸이다. 이날 예조에서 양원군 희의 아내 조씨에게 부의할 일을 아뢰었다. 임금이 말하기를 "조씨가 죽은 것을 이제 알게 되니 지극히 놀랍고 슬프다. 간병의원을 이미 정해서 보냈고, 병세와 약 쓰는 일을 매일 와서 아뢰게 하였는데 죽었는데도 아뢰지 않았으니 그를 추고推考[20]하라"고 하였다.(『중종실록』 31권)

---

20 벼슬아치의 허물을 추문하여 살펴봄.

12월 18일 양원군부인의 사망과 관련하여 종장으로 하여금 법을 정하여 시행하도록 했다. 정원이 장례 치르는 일에 대해 여러 사람과 의논하여 좌승지 이자가 아뢰기를 '종친들은 형제인 지친의 장례에도 서로 알려 조상하고 슬픔을 나누지 않으니 이것은 친친의 의를 알지 못해서 그런 것입니다. 바라옵건대, 마땅히 서로 알고 친해서 도와주어야 할 일을 종장에게 유시하여 상사 때에는 서로 장례 지내는 데 참여하게 하여, 친친의 도리를 돈독하게 하심이 어떻겠습니까'라고 하니 동부승지 유운도 또한 그 말에 동조하였다.

임금이 말하기를 "종친들은 지친이 상을 당하면 장례에 참여하여 서로 돕는 일에 정성을 다해야 하는데 그렇지 못한 것은 위에서 미진한 바가 있기 때문에 아랫사람이 본받지 않은 것이다. 이것을 종친의 웃어른으로 하여금 법을 정해서 시행하게 하라"고 하였다.(『중종실록』 31권)

문천군부인 묘는 서울시 중랑구 신내동 산 147번지에 예장되었다가 1993년 4월에 묘역이 주택개발지로 수용되어 경기도 성남시 복정동 양원군 묘에 부우祔右[21]하였다.(전주 이씨 대동종약원, 양원군파 4세 약사)

1527년(중종 22년) 6월 4일 계부인 양근군부인楊根郡夫人 문화 유씨가 질병으로 사망했다. 우찬성 유종손의 딸이다. 양원군부인이 사망했기 때문에 경연을 하지 않았다. 양근군부인 묘는 성남시 복정동 산 48번지에 예장하였으나 1994년 묘역이 상수도 용지로 수용되어,

---

21 합장할 때 아내를 남편의 오른쪽에 묻음.

복정동으로 이장하여 양원군 묘에 부좌祔左[22]하고 묘역을 정화하였다.(양원군 묘지 지석에 기록)

1532년(중종 27년) 2월 1일 종친부 당상으로서 익양군 회, 양원군 희 등이 종친부의 제명기에 대해 아뢰었다.

"제명기題名記는 오래전부터 만들고자 했으나 아래에서 마음대로 결정할 수 없었기 때문에 아뢰지 못했습니다. 글에 능한 낭관郎官(육조에 설치된 각사各司의 실무 책임을 맡은 정랑과 좌랑)에게서 말을 들으니, 지당한 일이었습니다. 글을 잘 쓰는 낭관을 시켜 짓도록 할 것인지 아니면, 별도로 글 잘하는 사람을 시켜 짓도록 할 것인지 여쭙니다" 하니 전교하였다.

"각사의 제명기는 지제교가 지은 것이 아니고 그 사에 속한 글에 능한 사람이 지은 것이다. 내 생각으로는 종친부도 글을 잘 짓는 사람이 있을 것이다. 또 전에 의정부와 충훈부 등에서 제명기를 지은 사람들은 모두 관직과 성명을 썼으니 이번에도 낭관을 시켜 짓게 하되 관직과 성명을 모두 쓰게 하라"고 했다.

1534년(중종 29년) 9월 3일 사헌부에서 아뢰었다. '며칠 전 칠덕정에서 전하께서 친히 무예를 점검하실 때에, 이성군 관(성종 왕자, 숙용 청송 심씨 아들)과 양원군 희는 전하와 아주 가까운 곳에서 거만한 몸가짐을 하여 공경하고 삼가는 마음이 전혀 없었습니다. 종부시에 알려 추고하게 했습니다만 이들 왕자군은 다른 관직과는 다르므로 감히 아룁니다' 하니 답하였다. "이성군, 양원군 일은 알겠다."

---

22 합장할 때 아내를 남편의 왼쪽에 묻음.

1551년(명종 6년) 5월 12일 양원군이 사망했다. 향년 61세에 한성부 군 사저인 명철방에서 사망했다. 시호는 정혜貞惠이다. '양원군은 천품이 영민 숙성하고 충효 사상이 탁월하였으며 온화 관대하였고 물욕이 없었으며 사치를 멀리하고 시종일관 검소한 생활을 하였다'고 했다.

성종이 교지에 사급한 전토는 전라도 낙안에 논 5결 60복, 경상도 함안에 밭 44복 2결, 논 83복 2속, 의령에 밭 55복 4속, 논 1결 66복 9속이었다.(『전주이씨대관』)

지석誌石에 기록된 내용을 정리하면 다음과 같다. '양원군은 천성이 순박하고 검소하며 분수를 지키며 평생을 조용히 사셨다. 대궐에 살며 오락을 즐겨 하지 않았고, 왕자의 예를 지키며 밤늦게 대궐 밖으로 나가지 않았다. 연산군 시절 환란이 있을 때에도 여러 왕자들과 함께 몸을 보전하였고 공은 어려서 숙직을 면하였다. 중종이 보위에 오르면서 공에 대한 총애와 관심이 남다르게 많았고 문소전, 연은전, 영경전을 받들며 종장의 역할을 충실히 역임했다. 사망 시 명종의 전교에 의해 3일간 조회를 피하고 애도하며 부의를 많이 보냈다. 공이 사망했을 때 궐내의 관원과 궁인에 이르기까지 슬퍼하며 소리 내어 우는 자가 많았다.(이장훈, 『선릉저널』, 양원군 묘지, 선릉왕자파 동종회, 2018)

『선세유문先世遺聞』의 기록에 의하면 양원군 유택지는 처 할아버지 안숙공 유계문 묘지 아래에 있으며 유계문은 손녀사위인 양원군을 지극히 아껴 '양원군은 죽은 후 나의 장지 인근으로 오도록 하라'는 유언에 의한 것이었다.

『전주이씨대관』에 기록되어 있지만 유계문의 사망연도(1445년)와 양원군이 태어난 해(1492년)를 비교해보면 양원군이 유계문이 돌아가신 지 47년 뒤에 태어났기 때문에 이는 사실이 아닌 듯하다. 『문화유씨하정공파보』 기록에 의하면 양원군의 처 증조부가 유계문이므로 처 할아버지 유권이 말한 내용인 듯하다. 양원군 희의 묘는 아내의 증조부 유계문의 묘 아래에 있는데, 이는 처가살이가 보편화돼 있던 조선 초기의 시대 상황을 비춰볼 때 조금도 이상할 것이 없는 모양새이다.

안숙공 유계문 安肅公 柳季聞

1445년(세종 27년) 1월 2일 개성부 유수 유계문이 사망했다. 유계문의 자는 숙행이며, 우의정 유관의 아들이다. 과거에 급제하여 이조정랑, 의정부사인, 판사재감사 겸 형조에 발탁되었다. 신유년에 한성부사와 형조판서 계해년에는 개성부 유수가 되었다. 이때에 이르러 행궁에 문안드리러 오다가 영서역에 이르러 길에서 갑자기 졸도해 숨졌다. 향년 63세이다.

시호는 안숙이며, 너그럽고 부드러우며 화평함과 마음을 굳게 가져 결단성이 있음을 뜻한다. 아들 6형제를 두었다. 1796년(정조 20년) 묘갈(묘 앞에 세운 작은 돌비석)이 파손되어 9대손 통훈대부 사간원 이윤행이 개수하였다.(『전주이씨대관』)

유계문의 묘

전세경람 傳世敬覽

성종 아들 양원군 희의 묘지명 등이 실려 있는 왕족 관련 자료이다. '자손들이 대를 물려 경건한 마음으로 읽어야 할 내용'으로 양원군의 행적을 비롯하여 집안의 선조들에 대한 기록을 적어 후손들이 조상에 대해 이해하고 받들 수 있도록 만들어 놓은 책이다. 정갈스럽게 기록되어 있으며 중간중간 내용을 수정하여 놓은 흔적이 있는 것으로 보아 조상에 대한 선조들의 공경심을 엿볼 수 있는 자료이다.

양원군 묘는 경기도 성남시 복정동 산 20번지 곤좌에 예장하였다. (『전주이씨대관』)

『전세경람』

양원군의 행적과 묘지명 등이 기록되어 있다.

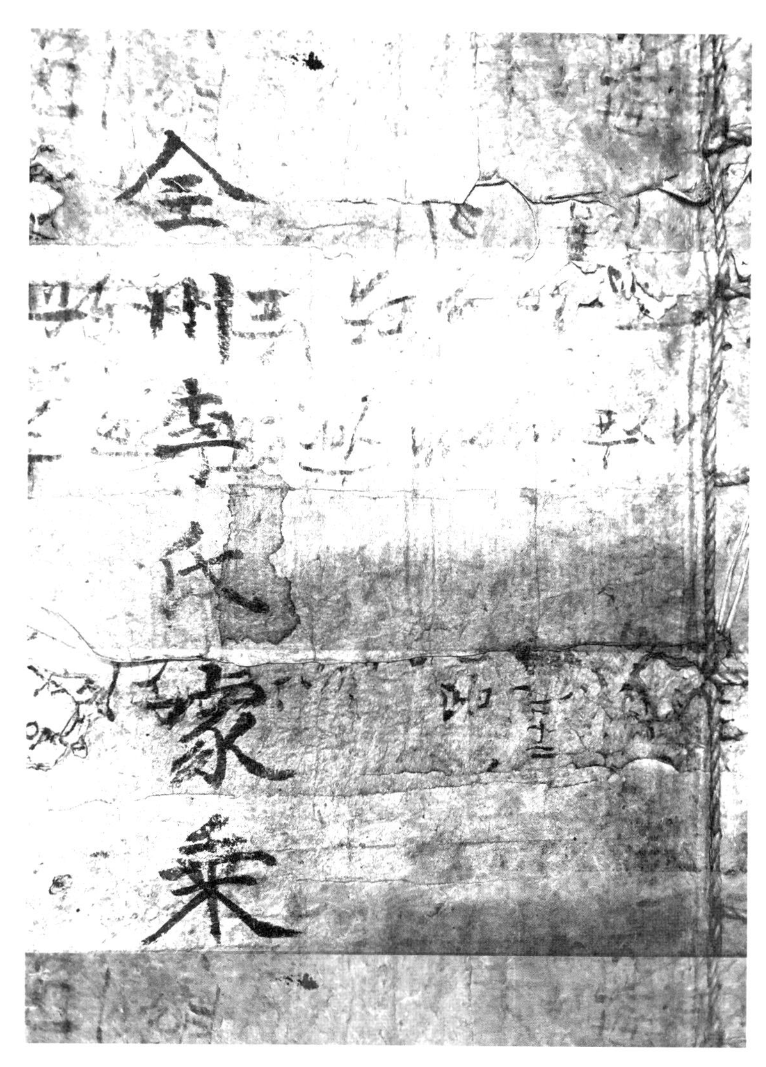

전주 이씨 가승[23]
(출처: 근욱 씨 소유)

---

23 가승(家乘): 혈통적 근원과 내력을 직계 조상 중심으로 밝힌 서적으로, 족보의 한 형태.

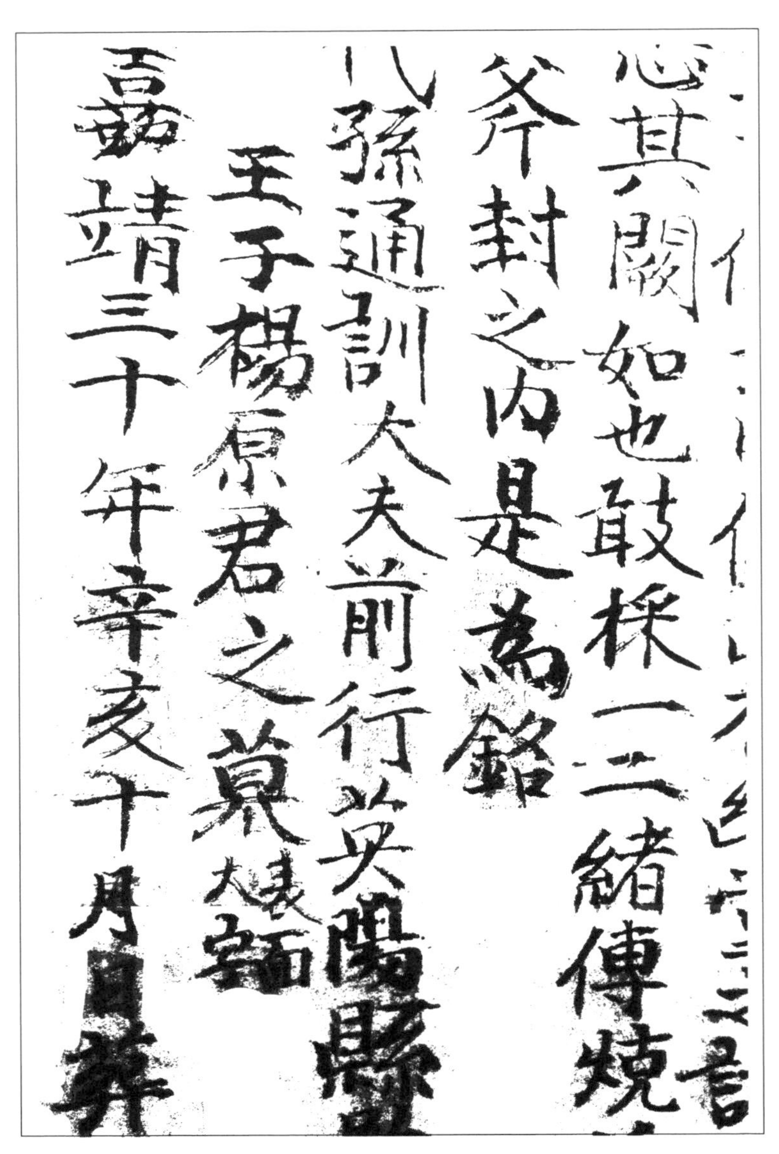
言
心其闕如也敢採一二緒傳燒
斧封之內是為銘
代孫通訓大夫前行英陽縣監
王子楊原君之[illegible]
嘉靖三十年辛亥十月日葬

왕자 양원군에 대한 혈통적 근원과 내력을 기록한 가승

양원군 신도비

양원군 묘

(경기도 성남시 복정동에 있다.)

문화 유씨 / 양원군 / 평양 조씨의 비석

양원군의 신주를 모셨던 사우(경기도 포천시)

정숙옹주 여란 靜淑翁主 如蘭

생몰년

1493년(성종 24년)에 태어나 1573년(선조 6년) 2월 9일 향년 81세에 사망했다. 숙의 홍씨 자손 중 가장 오래 살았다.

가족관계

부마 영평위鈴平尉 윤섭(1492~1516)에게 하가下嫁했다. 슬하에 자식이 없어 윤지함을 양자로 삼았다. 1516년(중종 11년) 남편 윤섭이 향년 25세에 사망했다.

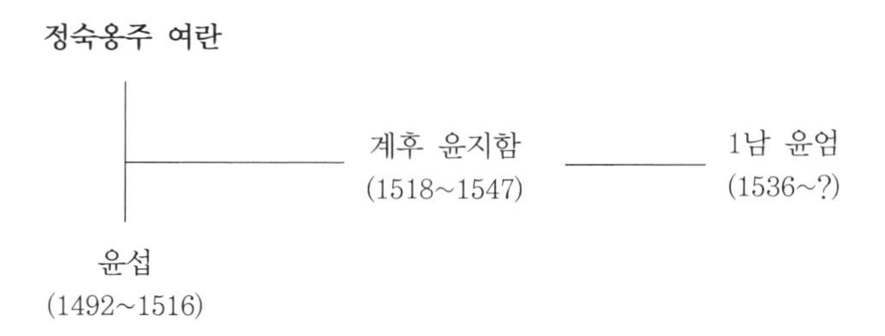

1513년(중종 8년) 9월 5일 대간에서 윤섭이 전관에서 친열할 때 붉은 옷을 입은 죄로 탄핵했다.

'영평위 윤섭이 전일 전관에서 친열할 때에 붉은 옷을 입었습니다. 부마근시로서 주상전하의 옷과 비슷한 색깔을 입었으니 이것은 매우 옳지 못합니다. 본부本府가 추핵하여 아뢰었는데도 전하께서 내버려두라고 하셨습니다. 사치를 억제하는 일은 귀근에서부터 먼저 해야 하니, 그 죄를 다스리소서' 하니 전교하기를 "윤섭의 일은 그가 입은 옷을 보니 염색이 다만 도홍색桃紅色일 뿐이었다. 그러므로 내버려두게 한 것이다"라 하였다.

1516년 8월 5일 윤섭이 향년 25세로 사망했다. 전교하기를 "이제 영평위 윤섭이 서거하였다 하니, 그가 비록 직급이 있는 왕자의 예와는 다르지만 또한 지친이다. 부음을 듣고 석전을 친행하는 것이 미안하니, 어찌하였으면 좋겠는가" 했다. 정원이 아뢰기를 '전하께서 이미 미안스럽게 여기신다면 치재에 방해로우니 석전은 친행할 수 없겠습니다'고 했다. 이어 '윤섭은 성종의 부마이다'라고 하니 중종은 "섭행하게 하는 것이 좋겠다"라고 전교했다.

1573년(선조 6년) 2월 9일 정숙옹주가 사망했다. 하루 동안 정조시[24] 하였다. 묘는 경기도 안산시 산현동 산 66에 있다.

'옹주가 불행하게도 일찍 남편을 여의었으나, 여든까지 장수하였고

24 조시는 조정과 시장을 말한다. 임금의 소공(小功) 이내의 일가와 정2품 이상을 지낸 관원이 죽었을 때에는 친소(親疎), 고하(高下)에 따라 하루에서 사흘까지 조시를 멈춘다. (『경국대전』)

과거 급제의 영화가 연이어 집 안에서 나와 기쁨이며 그것은 지난날 옹주가 예를 쌓았던 것에서 나온 것이 아니겠는가!'(정숙옹주 묘비명)

양원군 4세손들

함녕군 수선

양원군의 장남으로 어머니는 양근군부인 문화 유씨이다. 1524년(중종 19년) 3월 24일에 태어났다. 어머니는 네 살 때 사망했다. 재물에 대해 욕심을 두지 않았으며 항상 너그러운 마음으로 사람을 대했고, 교만하지도 않았다. 평소 술을 좋아하여 날마다 친구와 친지를 불러 덕담을 나누며 즐겁게 마시며 대접했다. 할아버지인 성종도 지친을 만나면 작은 연회를 베풀어 함께 즐거운 마음으로 술을 마시며 대접함에 소홀함이 없었던 것과 같았다.

중종, 인종, 명종, 선조까지 4대에 걸쳐 임금을 섬겼으며 조정으로부터 여러 차례 극진한 대접과 은총을 받았으나, 장수하지는 못하고 1579년(선조 12년) 1월 12일 향년 56세에 병으로 집에서 사망했다. 『선세유문』의 기록에 의하면 명종 임금이 종실의 아들을 내전에 모이게 하여 시 짓는 일을 하였는데 이날 임금이 말하였다. "너희들은 각자 갖고 싶은 물건이 있으면 말해 보아라.

대개 놀이기구이거나 준마 또는 명기 등을 말하였으나 함녕군은

“저는 동호에 경치가 뛰어난 곳을 얻어 정자를 짓고자 하였으나 아직 이루지 못하였습니다”라고 하니 명종은 “정자를 지어주겠다”고 화답했다. 그 후 3세대까지 정자는 후손들에게 전해져 왔다.

첫 부인은 인산 첨사를 지낸 윤현의 딸 파평 윤씨이며 자식 없이 일찍 사망했다. 묘는 성남시 복정동에 있는 양원군 묘로부터 100m 떨어진 서쪽에 예장돼 있다. 계부인 안동 권씨는 병조참의 권덕여의 딸이며 슬하에 자식은 없다. 측실의 딸 1녀를 두어 여흥 민씨 민설과 혼인하였다. 묘는 의정부에 있는 함녕군 묘 왼쪽에 봉분을 달리하여 예장했다.

함녕군이 사망하여 임금께 아뢰니 부의를 보내와 예를 갖추어 장례를 치렀다. 자는 정중이며 후사가 없어 경명군 침의 둘째 아들 안남정(안남군) 수련의 셋째 영천부정(영천군) 정을 양자로 삼았다. 양원군이 남긴 기록으로 볼 때 함녕군은 아들을 낳았으나 어린 나이에 죽은 것으로 보인다.

함녕군 묘소는 경기도 의정부시 녹양동 숙의 홍씨 묘로부터 서쪽으로 약 100m 떨어진 곳에 예장하였다.(『선원속보 양원군 파보』)

함녕군의 묘비석

咸寧君墓表
崇憲大夫咸寧君之墓
縣夫人安東權氏祔左
公諱壽璿字正仲我 成宗康靖大王之孫益陽
原君諱情之冢子也妣楊根郡夫人柳氏司僕
寺正贈議政府右贊成終孫之女嘉靖甲申公
生年十五初授咸寧正階彰善歲辛亥楊原
君卒癸丑以承襲受封爲君階承憲隆慶己
巳以入直慕義殿之勞陞崇憲萬曆己卯正月

가승에 기록된 함녕군의 묘표[25]

25 묘표(墓表): 무덤 앞에 세우는 푯돌로 품계·관직·성명 등이 새겨져 있다.

영천군 정

1550년(명종 5년) 2월 28일에 태어났다. 함녕군 수선의 양아들로 경명군 침의 손자이다. 어머니는 안동 김씨 병사 김석의 딸이다. 정부인은 임단 김씨로 호조정랑 김사근의 딸이며 후사 없이 사망하여 경기도 의정부시 신곡동 경명군 묘 뒤쪽에 예장되었다가 1995년 이장하여 남편 영천군 묘 오른쪽에 묻혔다. 계부인 여양 송씨는 영의정 송질의 증손인 송빈의 딸로 1590년(선조 23년) 5월 8일 사망하여 영천군 묘의 왼쪽에 예장하였다.

영천군은 태어나서부터 재능이 뛰어나고 글 읽기를 좋아했으며, 몸가짐이 반듯하여 모든 사람이 칭찬하면서 존경했고 그가 왕손이라는 것을 알지 못했다. 산업에 종사하지 않고 집에 있을 때는 의복과 음식을 검소하게 하고 생활했다.

계부인 상주 김씨는 좌의정 상락부원군 김귀영의 딸이다. 병자호란이 일어나 강화도에 피난하였으나 청나라 군대에 의해 강화도성이 함락될 위기에 처하자 "나라를 위해 죽는 것은 신하 된 사람의 도리이다. 하물며 왕실의 지친으로서 나도 여기에서 죽겠다"고 하면서 며느리 문의 조씨와 함께 죽음을 택했다. 4남 진원군 세완이 상을 받들어 모시고 경기도 의정부시 녹양동 영천군 묘 아래에 의관장례 지냈다.

호란이 끝난 후 인조가 죽음으로써 절개를 지킨 상주 김씨와 며느리 조씨를 열녀로 정하고 정려를 내리도록 하여 현재 경기도 파주시 교하면 야당리 상원군 사우에 정표의 사판이 보관되어 있고 열녀·충신의 정려문(충신·효자·열녀 등을 기리기 위해 그 동네 정문에 세워 표창함) 충열의 집[26]이 있다.

영천군은 4남 2녀를 두었는데 장남 여원도정 세헌, 차남 상원군 세녕, 3남 낙원부수 세관, 4남 진원군 세완이 있다.

큰딸은 청송 심씨 심정화와 혼인했고 작은딸은 수원 최씨 최태노에게 출가했다. 1608년(선조 41년) 5월 5일 영천군이 사망하여 경기도 의정부시 녹양동 선영 숙의 홍씨 묘 아래에 예장했다.(전주 이씨 양원군파 4세 약사)

좌의정 상낙부원군 상주 김씨 김귀영

할아버지는 목사를 지낸 김사원이고 아버지는 김응부이며 어머니는 성주 이씨 이수관의 딸이다. 예조판서, 병조판서, 우의정, 좌의정, 판중추부사까지 벼슬에 올랐다. 임진왜란 때 임해군, 순화군과 함께 함경도로 피난하였으나 국경인의 반란으로 사로잡혀 가토(가등청장)의 포로가 되었다. 두 왕자를 지키지 못한 책임으로 관직을 삭탈 당하였고, 가토의 강요로 휴전을 요구하는 글을 받기 위해 행재소에 갔다가 사헌부·사간원의 탄핵으로 추국당해 화천으로 유배 가던 중 1593년(선조 26년)에 사망했다. 그 후 숙종 때 허적의 상소로 신원이 회복되었다.

---

26 전주 이씨 상원군 세녕 가문의 충신, 열녀, 정려 편액이 있는 곳이다. 1636년 병자호란 때 강화도에서 순절한 상원군 세녕과 어머니 상주 김씨, 부인 문의 조씨 그리고 동생 진원군 세완의 부인 청주 한씨를 모신 곳이다. 정려 편액은 모두 4개로 진원군부인 청주 한씨 정려 편액을 제외한 3개는 경기도 교하읍 야당리에 있었던 것을 1998년 충렬의 집을 신축하면서 이전 보존하였고, 같은 해 평택에 있던 청주 한씨 정려 편액도 이곳으로 모셔와 보존하고 있다. 현재 파주시 향토유적 제21호로 지정돼 보존되고 있다.

有明朝國正義大夫靈川君墓誌銘

嗚呼我外祖考靈川君卒於今二百三年而幽堂闕埋文至崇禎十三年庚辰表淑礪石原公次公世系履行泣謂槻曰先君德美不刻無文其奚以圖不朽而宗於公今幸有石爾其誌之槻乃言曰楊厲先伏昭來裔槻不文何敢容喙固辭不獲謹次而序之曰洪惟我成宗康靖大王克有聖德受天隆報冬螽其斯之休益為盛其第十一王子曰景明君諱忱景明子曰安南君

가승에 기록된 영천군 묘지명

여원도정 세헌

1583년(선조 16년) 6월 6일 태어났다. 인품이 너그러워 남과 다투지 않았고 다른 사람에 대해 흉을 보거나 이야기를 하지 않았다. 그러나 분명한 것은 대의를 굳게 지켜서 이치상 옳지 않으면 조금도 꺾이거나 변하지 않았다. 광해군 때에 이복동생 영창대군을 강화도에 유배 보내려고 종친들을 불러 논의하려 청하였으나, 병을 핑계 삼아 참석하지 않았다. 왕자 이규가 광해군에게 없는 죄를 있는 것처럼 말해 죄 줄 것을 아뢰었으나 다행히 화를 면하였다. 또한 인목대비(선조 계비)를 폐모하는 데 함께 동의하지 않은 자는 화를 입었으나, 여원도정은 형제들과 의논한 후 고의로 견책을 범하여 스스로 사직하고 끝내 조정에 발을 들여놓지 않았다. 집안에 있을 때 모든 일에 솔선수범하였고 남편을 잃은 누이와 동생들을 돌보았다. 종친은 4세손까지 벼슬을 할 수 없어 세상에 드러낸 공적은 없으나 나라가 어려울 때마다 스스로 나섰고 구차하게 행동하지 않았다.

양원군의 증손으로 자는 공칙이며 어머니는 여양 송씨로 송빈의 딸이다. 정부인 함평 이씨는 군수 이찬의 딸이며 슬하에 5남 2녀를 두었다. 장남 정, 차남 섬, 3남 신, 4남 창, 5남 성이다. 장녀는 판서 경주 김씨 김남중과 혼인하였고 차녀는 문화 유씨 유면에게 출가했으나 일찍 사망했다. 1653년(효종 4년) 2월 2일 향년 70세에 사망했다. 처음에는 창선대부(정3품 정)였으나 사망 후 명선대부(정3품 도정)로 추증됐다.(『선원속보 양원군 파보』)

여원도정의 묘

상원군 세녕

양원군의 증손자로 아버지는 영천군 정이며 1593년 12월 2일 둘째 아들로 태어났다. 자는 자안이며 어머니는 상주 김씨로 좌의정 김귀영의 딸이다. 어려서부터 엄숙하고 과묵했으며 학문을 특히 좋아해 논어를 비롯한 여러 경전을 두루 익히고 배워 넓게 이해했다. 어른이 돼서 관례를 치르고 상원수를 제수받았다. 광해군 때에는 이이첨 등이 폐모론을 주창하여 온 조정이 부화뇌동(일정한 견식이 없이 남의 말에 찬성해서 같이 행동함) 상태에 이르렀다.

그러나 상원군은 여원도정, 낙원부수, 진원군 네 형제와 함께 정도를 지키며 굴복하지 않았고 권력을 쥔 조신들의 뜻에 거슬려 화를 당하기까지 이르렀으나 끝까지 굴복하지 않았다.(『선원속보 양원군 파보』)

1636년(인조 14년) 홍타이지는 스스로 황제라 칭하고, 나라 이름을 '대청'이라 했다. 명나라 정벌에 앞서 그 배후가 될 수 있는 조선을 확실히 장악하기 위해 조선에 임금과 신하 관계를 맺을 것을 요구했다. 명나라를 의식하여 자신들의 제국을 인정하지 않는 조선에 대해 강력한 응징이 필요하다는 것을 그들은 잘 알고 있었다. 12월 9일 얼어붙은 압록강을 건넌 청군은 총병력 12만 8천여 명(또는 14만으로 추산)의 군사를 이끌고 기마병 중심으로 침략하여 5일 만에 한양을 점령했다. 그 당시 조선은 대청 방어 전략으로 청나라 기병과 교전을 피하고, 침공로 주변 성에서 공성전을 펼치는 것이었다.

산성 중심의 조선군 방어 전략은 한양을 목표로 돌진하는 청나라 기마병을 방어하지 못했다. 청의 침입에 우왕좌왕하던 인조와 대신들은 강화도 피난길에 나섰지만, 청나라 기병 선발대가 이미 양화진

방면으로 진출하여 강화도로 통하는 길을 막음으로써 피난길은 끊어졌다. 정묘호란 때에 인조가 강화도로 피난 간 것을 알고 있기 때문에 취한 조치였다. 홍타이지가 가장 크게 우려했던 상황은 인조가 강화도에 들어가는 것이었다. 이것을 막지 못할 경우 전쟁은 많이 길어져 속전속결로 조선을 정복하려는 계획은 수포로 돌아갈 수 있기 때문이다.

인조는 결국 남한산성으로 피난길을 택하였고, 임금에 오른 이후 세 번이나 한양을 버리고 떠난 왕이 되었다. 산성 안에는 1만 4000여 명의 인원이 50여 일간 버틸 수 있는 식량을 비축하고 있을 뿐 어떤 전쟁 준비도 돼 있지 않았다.

천혜 요새 남한산성을 사전에 전쟁 준비에 활용하지 못하고 방어 준비를 소홀히 하여 굶주림, 추위 그리고 물자 부족 상태로 만든 것이다. 청군들이 한양을 향해 내려오자 인조는 며느리 강빈과 봉림대군 등 종친들과 늙고 병든 조정 대신들로 하여금 종묘의 신주를 받들고 강화도에 들어가도록 조치했다.

상원군 세녕은 인열왕후(인조의 부인) 신주를 모시고 강화도에 들어갔다. 갑곶진이 함락되고 강화도성이 무너질 상황에 이르자 위급함을 성내에 알리고, 하늘을 우러러보며 탄식하기를 “나랏일이 이 지경에 이르렀으니 살아서 무엇 하랴”라고 했다.

어머니가 말하기를 “나라를 위해 죽는 것은 신하 된 사람의 도리이다. 하물며 왕실의 지친으로서 나도 여기서 죽겠다”고 하였다.

상원군은 울면서 어머니 말을 듣고 나아가 말하기를 “적에게 붙잡혀서 치욕을 당하느니 차라리 깨끗이 죽겠습니다”라며 성이 함락되자 갑옷을 벗어 아랫사람에게 주고 김상용과 함께 성 남문루에 올라 화약에 불을 붙여 자결했다.(회은군 덕인과 진원군 세완이 예조에 알렸다) 향년 43세인 1637년 1월 22일이다. 같은 날 어머니 상주 김씨와 아내 문의 조씨도 함께 순절 절명했다. 아들은 욱과 경이 있다. 시호는 충렬이다. 그 이후 진원군부인 청주 한씨도 뒤를 이어 순절하였다.

김상용은 예조판서 김상헌의 형이다. 1636년 병자호란 당시 판돈녕 부사로 묘사廟社의 신주를 받들고 빈궁, 원손을 수행해 강화도로 피난했다가 강화성이 함락되자 성의 남문루에 있던 화약에 불을 질러 폭사로 순절했다. 그의 나이 76세였다. 전쟁이 끝난 후 김상용의 죽음을 놓고 '의리가 태산 같고, 목숨을 아까워하지 않는다'는 제문을 문제 삼아 인조는 그가 순절한 것이 아니라 담배를 피우다 과실로 폭사한 것으로 의심했다. 윤방, 진원군 세완, 이덕인 등이 흡연자가 아니었다는 증언을 해 김상용을 순절로 인정했다.

최명길은 김상헌의 자살 시도를 두고 밖에 자식들을 모두 세워놓고 한 것이 무슨 순절이냐고 말했으며(『효종실록』, 1652년 6월 25일) 또한 조정 내의 분위기도 그 말에 동조하는 편이었다. 옆에는 아들 김광찬이 있었다. 결사항전을 주장하던 김상헌은 항복 후 산성에 7일 더 있다가 아들과 함께 북문을 거쳐 고향으로 돌아갔다. 많은 척화파 관리들이 항복을 반대해 인조를 따라가지 않았다.

인조는 김상헌을 평하였다. "평소에 나라가 어지러우면 같이 죽겠다는 말을 하였으므로 나도 그리 믿었다. 그런데 먼저 나를 버리고 젊고 무식한 자들의 앞장을 섰다."(『인조실록』, 1637년 9월 6일) '성 밖으로 한 걸음이라도 나갔다면 이는 순리에 역행하는 일이었다. 청나라를 떠받들고 명나라를 범하는 일은 옳지 않으니 임금의 명이라도 따르지 않는 게 순리이다'라고 말하였다. 남한기략은 김상헌의 말을 이렇게 기록하고 있다.

소현세자 등이 기록한 『심양장계』에는 1641년 청나라에 압송돼 심문을 받을 때 똑같은 질문에 대답했다. '병이 위중하여 못하였다' 라고.(『국역 심양장계』 2, 신사년 정월 1일)

숙종 때 문신 이식은 이렇게 평했다. '김상헌이 남한산성에서 귀향한 것은 고귀한 일이다. 하지만 최명길이 열어준 성문으로 나간 것이다.'(최창대, 『곤륜집』 20, 지천공유사; 한명기, 『최명길평전』, 497쪽) 그 이후 김상용 정려문이 세워졌고 1758년 영조 때 박동선, 강석기의 상소로 영의정에 추증됐다.

청나라 심양에 볼모로 있다가 돌아온 봉림대군(효종)이 부왕 인조에게 아뢰었다. "호란 중 상원군이 죽음으로써 절개를 지킨 일은 신이 직접 보았습니다"라고 하며 정표(어진 행실을 칭송하고 널리 알림)와 은전(나라에서 내리는 혜택에 관한 특전)을 내릴 것을 아뢰었다.

그러나 시대 상황이 어려워 거행치 못하고 다만 어머니 상주 김씨와 아내 문의 조씨만 열녀로 정하였다. 충신, 정려문은 경기도 파주시 교하면 야당리 341-1 상원군 사당이 있으며 정려문의 글은 서유린이 썼고 묘는 남아 있는 옷으로 의정부시 녹양동 선영에 의관 예장했다.

진사 성원 등이 장계를 올렸다. '충신 상원수 세녕은 김상용과 함께 자분하였습니다. 그러나 김상용은 사당을 세워주고 정려문을 내렸으나 상원수만은 홀로 정표를 아직까지도 입지 못하였습니다. 의로운 청절이 가리고 눌려 있으니 참으로 안타깝습니다'라고 하였다.

호란 중에 충신들만이 나라를 위해 홀로 순국하였을 뿐이다. 처음에는 청나라 군사들이 강화성 안에 있는 모든 사람들을 죽이지 않아 피하고자 하였으면 피할 수도 있었다. 시종한 자들 가운데 죽음을 면한 자들이 많았다. 그러나 상원군은 맹세코 죽기를 각오하고 김상용과 함께 바른길로 나아가는 것을 마치 괴로움 없이 즐겁게 살 수 있는 땅으로 달려가듯이 하였으니, 충성스러운 마음을 가진 자가 아니라면 그렇게 할 수 없을 것이다. 진실로 국난으로 나라가 어려울 때 죽을 곳을 가릴 줄 안 것이다.

어머니와 부부가 모두 나라를 위해 순절하였으니 충렬한 집안이다. 왕실은 실로 영광이 있었다. 그러나 정표의 은전이 오래되도록 거행되지 않았다. 봉림대군이 부왕 인조에게 직접 주청하였으나 시대 상황이 어렵다는 이유로 유사가 서둘지 않았던 것이다.

1731년(영조 7년) 증손 이채원과 예조판서 신사철이 아뢰어 승헌대부 상원군 겸 오위도총부 도총관에 받들어졌고 1788년(정조 12년) 현손 이명헌이 상소하여 충신 충렬공으로 증시되었다.(『선원속보 양원군 파보』)

1792년(정조 16년) 7월 21일 명나라 신종황제(만력제) 기신을 맞아 망배례를 하는 자리에서 정조는 전교하기를 "상원군 세녕의 사우祠宇를 수리하는 데 드는 모든 비용을 관에서 주도록 했다."

또 말하기를 "충신의 후예들이 가난하여 행장을 제대로 갖출 수 없는데도 많이 참여하여 지극히 가상하며, 선조의 발자취를 지키고자 함이 지극하여 어찌 조정에서 자손들에게 서운하게 하겠는가? 절의로 말하면 삼학사[27]보다 더 하다"고 했다.

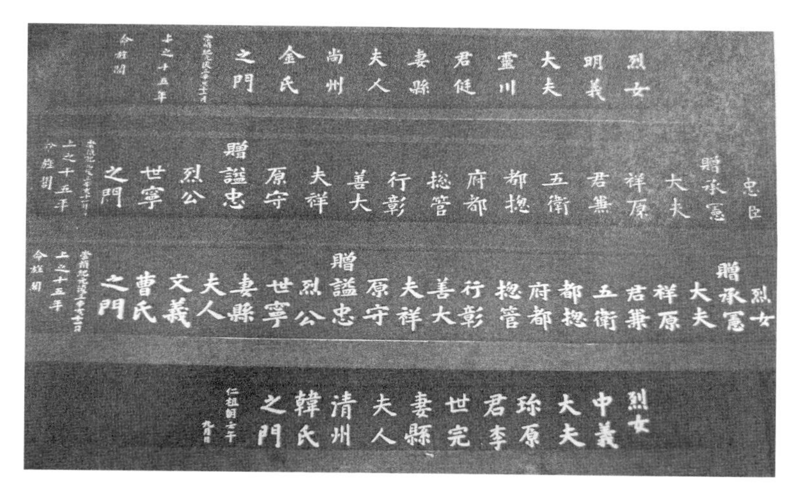

전주 이씨 상원군 세녕가문 충신 열녀 정려 편액

---

27 병자호란 때 청나라와 화의를 반대한 척화파. 홍익한, 윤집, 오달제.

氏之壽似不下於六十矣凡育三男而洛原副世
寬其仲也一女適水原崔泰曾祥原後贈君
謚忠烈旌閭
彰善大夫祥原副守贈承憲大夫祥原兼五
衛都摠府都摠管謚忠烈公謚狀
公諱世寧字子安 成宗大王別楊石君諱
憘其曾祖也祖諱壽琦咸寧君考諱[illegible]
川君妣尚州金氏左議政貴榮女以萬曆乙未十二月初

상원군에 대한 혈통적 근원과 내력을 기록한 가승

병자호란 때 죽음으로 절개를 지킨 열녀 상주 김씨.
현재 파주 충렬의 집에 모셔져 있다.

繼配節婦尚州金氏事實
先世郎金相公貴榮之世相公旨嫁此女於宗親
遂為靈川公繼夫人生三男一女
故事指掌曰金氏小字伊系出尚州其先相公號
東園位至議政府左議政以平難勳封上洛府
院君相從仕郎贈領議政應武曾祖秋使贈
左贊成壬元崇禎丁丑之難避兵江都及城陷
長子祥原副守世寧歎曰國事至此生亦何為

상주 김씨의 혈통적 근원과 행적을 기록한 가승

낙원부수 세관

수守는 왕실의 증손에 해당하는 종친들에게 부여한 명예직이다. 양원군의 증손이며 영천군 정의 셋째 아들이다. 어머니는 상주 김씨로 병자호란 때 강화도에서 순절하셨고, 동복형제로는 상원군, 진원군이 있다. 부모님에 대한 효도는 지극했으며 형제들 간의 우애는 매우 깊었다.

전해오는 기록은 많지 않으나 광해군이 인목대비를 서궁에 유폐하려고 대신들과 논의할 때에 말하기를 "신은 나이가 어리고 용렬합니다만 다만 임금을 사랑할 줄만 알고 다른 것은 모릅니다. 원하옵건대 조정은 사대부들의 충직한 논의를 따르소서"라고 하며 그 뜻을 굽히지 않았다. (『광해군일기』, 1617년(광해군 9년) 11월 25일) 이때 나이는 불과 18세였으니, 의연한 자세와 정도를 지켰다. 이이첨 등 흉악한 무리들에게 굴복하지 않고 조정의 폐비론에 따르지 않은 것은 종실로서 의로움이었다.

임금이라 하더라도 충효를 나라의 근본으로 삼은 조선에서 아들이 어머니와 의리를 끊는다는 유폐와 폐모라는 논리는 조선 시대 사상관으로서는 받아들일 수 없는 것이었다.

유교 사회에서 삼강오륜은 조선의 최고 통치 이념의 정신으로 삼아 임금과 사대부뿐만 아니라 일반 백성에까지 널리 퍼져 동방예의지국으로서 최고의 가치였다. 그런데 모든 사람의 모범이 되어야 할 임금이 어머니를 폐한다는 것은 현대사회에서도 어려운데 조선 시대 사회 인식으로는 도저히 받아들일 수 없는 것이다.

광해군뿐만 아니라 연산군과 인수대비, 영조와 경순대비, 정조와 정순대비 사이에서도 서로 부딪혔으나 결국 최후의 승자는 대비였다. 영조의 형수인 경순왕비는 선왕 경종을 영조가 독살했다는 생각으로 이인좌에게 지금의 왕을 폐하라는 밀지를 내리고 영조의 맏아들 효장세자를 독살하였음에도 불구하고 영조는 어떠한 조치도 취하지 못했다. 대비의 권위는 대단했다.

1613년 계축옥사를 계기로 광해군의 왕통에 걸림돌이 되었던 영창대군의 죽음과 인목대비 서궁 유폐 등으로 정통성 시비를 없앤 것처럼 보였으나 이 사건을 계기로 광해군을 반대하는 정치세력을 결집시키는 빌미를 제공했다. 1623년(광해군 15년) 3월 13일 '바른 것으로 되돌린다'는 의미의 인조반정이 일어났다. 『인조실록』에 기록된 광해군에 대한 인목대비의 분노가 나타나 있다.

"한 하늘 아래 같이 살 수 없는 원수이다. 참아온 지 이미 오래된지라 내가 직접 그의 목을 잘라 죽은 분들에게 제사 지내고 싶다. 10여 년 동안 유폐되어 살면서 지금까지 죽지 않은 것은 오직 오늘을 기다린 것이다. 기쁘게 원수를 갚고 싶다."

낙원부수 세관은 1600년(선조 33년) 5월 28일에 태어났으나, 사망 시기에 대한 기록은 없다. 부인은 남양 홍씨로 부호군(오위도총부 종4품) 홍수억의 딸이다. 슬하에 자손은 4남 2녀를 두었다. 장남 진, 차남 승, 3남 인, 4남 만이다. 장녀는 진주 소씨 소일우와 차녀는 정식과 혼인했다. 묘지는 경기도 평택시 서탄면 수월암 1리에 예장돼 있다. 창선대부(정3품) 정이다. 처가살이가 일반화돼 있던 조선 중기 시대의 상황으로 보아 처가에서 생활한 듯하다. 광해군이 인목대비를 서궁에 유폐하고자 의견을 물었을 때 반대한 후에 낙향한 것이다. 남양이라는 지명과 함께 묘소 주위에 흩어져 있던 많은 수의 남양 홍씨 집안의 묘소가 이를 알려 주고 있다.

낙원부수 비석

낙원부수 문인석

진원군 세완

1603년(선조 36년) 8월 19일 태어났다. 양원군의 증손자로 아버지는 성종의 3대 손 영천군 정이다. 자는 자고이며 어머니는 상주 김씨로 좌의정 김귀영의 딸이다. 첫 부인은 함양 박씨이다. 어려서부터 인품이 뛰어났고 곧았으며 의지가 강하고 정의감이 넘쳐 옛 선인의 모습을 보는 듯한 풍모를 가지고 있었다.

비단옷 같은 고급스럽고 화려한 것을 즐겨 입지 않았다. 인조반정 후 특별히 품계를 올려 받았고, 1635년(인조 13년) 인열왕후(인조 왕비)가 사망하자 향관으로서 혼전을 지켰다. 그 노고로 정의대부에 올라 진원군에 봉해졌다. 병자호란이 일어나 종묘에 있는 왕실의 신위를 모시고 종친들과 강화도에 피난하였다. 강화에서 같은 방에 함께 있는 봉림대군(효종)이 병자호란에 대한 대책을 묻자 말하기를 끝까지 청나라와 화친을 해서는 안 되며, 항전을 계속하고 서찰을 남한산성 행재소에 보내야 한다고 주장했다.

갑화진이 위급함을 알려와 대군과 함께 나루터에 달려갔으나 청나라 기병이 강화성을 향해 건너오는 것을 보고 성안에 들어와 수비책을 강구하였으나, 청병은 이미 성에 이르러 어찌할 수가 없었다. 청병이 회유하고 위협하여 그를 남한산성으로 보내려고 하였다. 대군의 명을 받들어 서찰을 남한산성 행재소에 바쳤다.

형 상원군이 남문루에서, 어머니와 상원군 부인 조씨가 자결하였다는 부음을 듣고 강화도에 들어와 상을 받들고 선산에 급히 장례를 치렀다. 또한 강화도에 피난해 있던 부인 청주 한씨(인열왕후 동생)도 자결하였다. 강화도에 있을 때 오랑캐가 아직 성에 이르지 않았는데도 부인이 자결하려고 하자 진원군이 말하기를 "뱃길이 있으니 형세를 관찰해봅시다"라고 하였다.

부인은 아마도 끝내 피할 수 없고 혹시 뜻을 이루지 못할 것을 헤아려 스스로 목을 맸다. 호란이 끝난 뒤 열녀로 봉해져 현재 교하읍 야당리에 있는 충렬의 집에 정려 편액이 보관 중이다.

진원군은 병자호란 후 세상일에 뜻을 두지 않았으며, 항상 거친 베옷을 입었다. 망아지를 타고 술을 즐기며 유유자적한 삶을 살았다. 강화도에서 있었던 치욕을 씻고자 청나라에서 사신이 한양으로 올 때마다 문을 걸어 닫고 은둔 생활을 하였으며, 사신이 지나온 길은 오랫동안 다니지 않았고 자녀들에게도 그 길을 밟지 않도록 일렀다. 조정에서 진원군으로 하여금 북경으로 가는 사신의 부사로 임명하려 하였으나 상소하여 불가함을 알렸다.

봉림대군이 심양에서 볼모 생활 중에 편지를 보내기를 "아득히 지난날의 즐거움을 생각해 마치 꿈속 천상의 즐거움인 듯하오." 또 말하기를 "국사와 사사로운 정이 날이 갈수록 험난해집니다. 어떻게 할 수 있겠소" 하며 진심으로 진원군을 대하고 있었다.

청나라에서 돌아온 봉림대군이 진원군 일가의 죽음에 대하여 임금께 아뢰니 인조는 예관에게 명하여 정려를 모두 세우게 했다. 상원군이 세상을 떠난 후에도 어린 조카들을 데려다가 키웠으며 혼례를 치르게 하여 자신의 자식과 다름이 없게 했다.

봉림대군이 잠저에 있을 때 금옥배 여러 개를 앞에 놓고 마음에 드는 것을 골라 가져도 좋다고 하였으나 자리를 피하며 말하였다. "가령 나에게 술이 있다면 사발인들 어찌 대작할 수 없겠습니까. 금옥의 잔은 본래 좋아하지 않습니다" 하고 사양하여 갖지 않았다. 봉림대군은 이러한 것을 보고 그를 더욱 아끼고 존중했다.

대군이 보위에 올라 임금이 된 후에도 궁에 들어와 특별히 문안을 하도록 권하였다. 그는 말하기를 "따로 삭망 때에 문안의 예를 드렸는데 또 어떻게 감히 사사롭게 문후할 수 있겠습니까" 하고 따르지 않았다.

1649년(인조 27년)에 인조임금이 승하하니 혼전 향관으로 수직되었다가 그 공로를 인정받아 중의대부(종2품)에 올랐다. 정부인은 우의정 박준의 딸 함양 박씨로 결혼 후 1년이 안 되어 사망했으며 양주 선영에 안장하였다. 계부인은 서평부원군 한준겸의 딸 청주 한씨로 마음씨가 곱고 착하며 행실이 바르고 성실했다. 모든 이들이 그를 칭찬했고 좋아했다. 아들 담은 엄태순 딸과 혼인하였다.

계부인은 권창손의 딸 안동 권씨가 있다. 딸 셋을 두었다. 장녀는 원주 원태하에게, 차녀는 정홍주에게, 3녀는 남세정과 혼인했다.

1655년(효종 6년) 7월 1일 향년 53세에 병환으로 명례동 집에서 사망했다. 효종은 크게 애통하며 부의를 하사했고 종친으로 살펴주었다. 묘는 경기도 고양시 덕양구 덕은동 해좌에 예장했으나 6·25 전란으로 실전되었다.(『선원속보 양원군 파보』)

광해군 집권 후 정치적 소용돌이와 패륜에 가려진 치적

임진왜란(1592~1598년)이 일어났다. 평양성이 함락되자 분노로 들끓는 민심을 수습하기 위해 선조는 18세 아들 광해군을 왕세자로 책봉하였다. 또한 조정을 임금과 세자 둘로 나누는 분조를 만들었다. 분조를 지휘한 광해군은 근왕병 모집을 위해 평안도, 황해도, 강원도 등을 이덕형, 이항복 등의 대신들과 함께 다니면서 민가에서 자거나 노숙했다. 분조가 자리를 잡자 피난 갔던 관리들이 모여들었고, 의병을 모아 분조에 합류하는 사람들이 생겨났다.

광해군은 전쟁 중 큰 활약을 하여 종사와 사직을 지켜낸 것이다. 전쟁은 끝났으나 그에게는 치명적인 약점이 있었다. 선조의 후궁 공빈 김씨 소생으로, 장남이 아닌 둘째로 정통성에 매우 취약했다. 선조는 자신의 할머니가 중종의 후궁인 창빈 안씨이기 때문에 가능한 적자로 하여금 임금 자리를 물려주고 싶어 했다. 선조의 정비 의인왕후 박씨는 왕자를 낳지 못하고 1600년 세상을 떠났다. 계비 인목왕후(인목대비)가 정명공주를 출산하였고 이어 1606년에는 영창대군을 낳았다.

55세의 늙은 나이에 적장자를 본 선조의 기쁨은 대단히 컸고, 영창대군을 후계자로 책봉하려는 세력이 넓게 형성되었다. 왜란 후 정국은 북인들이 주도했으나 대군 탄생 후에 북인은 대북과 소북으로 나누어졌다. 광해군을 지지하는 대북의 중심은 정인홍이며, 영창대군을 지지하는 소북의 중심인물은 영의정 유영경이었다.

1608년(선조 41년) 갑자기 병세가 깊어진 선조는 세 살밖에 안 된 영창대군을 왕위에 올리는 것이 무리라고 생각하여 유언하길 광해군을 후계자로 삼으라고 말했다. 왕위에 오른 광해군은 자신의 후원 세력인 대북 중심으로 정국 운영을 시작했으나, 정통성 시비에 휘말리게 됐다. 동복형 임해군과 영창대군의 존재는 광해군에게는 어두운 그림자를 드리우고 있었다.

명나라는 장자인 임해군이 있는데도 둘째 광해군이 왕위에 오른 이유를 들어 왕통에 대해 문제를 제기해 정치적으로 큰 부담이 되었다. 임해군은 역모를 꾀한다고 하여 강화도 교동에 유배한 후 의문의 죽음을 맞이했다.

죽음에 대해 정확하게 전해지지 않으나 이이첨의 사주를 받은 강화현감이 살해했다고 알려져 있다.

영창대군의 최대 후원자인 유영경은 유배 후 처형되었고, 집권 초반 각종 역모 사건이 일어나는 과정에서 소북세력들은 대거 정계에서 축출되었지만 살아 있는 적통의 존재는 여전히 부담스러웠다. 정통성 논란은 언제든지 다시 재현될 수 있기 때문이다.

1613년 4월 25일 조령(문경새재)에서 은상 살해 사건이 일어났다. 살해 주범인 서인 박순의 서자 박응서를 비롯한 서양갑, 심우영 등 7명의 서얼로 밝혀졌다. 이들은 강변칠우로 자청하면서 무기와 양식을 준비하여 서얼들이 차별받지 않는 세상을 만들기 위한 자금 확보를 위해 은장사를 죽였다.

칠서의 옥 사건이 발생한 것이다. 이이첨의 친척 이의숭의 사주를 받은 포도대장 한희길이 박응서를 꾀어 놀라운 진술을 하게 했다. '자금을 모아 김제남(영창대군 외할아버지)을 중심으로 광해군과 세자를 죽이고 영창대군을 임금으로 추대하려고 했다'고 말하였다. 모반 사건이 터진 것이다.

거짓으로 자백하면 목숨만은 살려주겠다고 했다. 결국 인목대비의 친정아버지 김제남과 그의 동생 김내, 김균, 김선을 사사했고 김내와 김선의 아들까지 죽였다. 김균의 아들 김홍석만이 노비의 아들이라 하여 목숨을 건졌다. 이 일로 인해 인목대비 어머니 노씨는 실성하였음에도 제주에 보내 관노로 삼았다.

또 서양갑이 고문에 못 이겨 영창대군과 인목대비까지 역모에 가담했다고 거짓 자백했다. 이는 서양갑이 자신의 어머니까지 모진 고문에 시달리는 것으로 보고 '광해군이 내 어머니를 죽이니 나도 제 어머니를 죽여야겠다'고 말했다고 전한다.

영창대군은 서인으로 강등되어 강화도에 유배되었다. 계축옥사를 일으킨 것이다. 1614년(광해군 6년) 대북파 이이첨의 사주로 강화부사 정항은 영창대군을 작은 골방에 가두어 방문을 잠그고 아궁이에 불을 지펴 증살시켰다. 여덟 살의 어린 나이에 정치적 희생양이 된 것이다. 이 충격적인 사건으로 인목대비와 광해군은 원수나 다름없게 되었다.

어린 자식을 잃고 슬픔에 빠진 인목대비는 경운궁에 홀로 남겨진 채 사실상 연금 상태로 지냈다. 그러는 중 경운궁에서 임금을 비방하는 익명서가 발견됨에 따라 인목대비 폐비에 관한 논의가 시행돼 1618년(광해군 10년) 1월 폐비되어 서궁에 유폐되었다. 폐비에 반대한 신하들과 종친들은 모두 쫓아내고 광해왕은 왕권에 대한 집착으로 이 같은 일에 묵과하여 스스로 반정의 불씨를 키운 것이다.

서궁에서의 비참했던 생활은 궁녀가 쓴 『계축일기』를 통해 남겼다. 이항복, 이덕형 등은 끝내 대북의 폐모론에 동조하지 않고 죽자

이것이 훗날 서인들이 반정을 일으키는 명분이 되었다. 광해군이 폐출된 가장 큰 원인으로 반정 세력들이 내세운 명분은 살제폐모 즉 영창대군을 죽이고 어머니 인목대비를 폐한 패륜과 명나라에 대한 불충을 이유로 내세웠으나 좀 더 본질적인 원인은 대북 정권의 독주로 인한 서인 세력의 반발이었다. 왕권을 지키기 위해 대북 정권의 전횡을 묵과한 것이 광해군의 잘못이었다. 광해군은 19년간 유배 생활 끝에 67세에 사망하여 경기도 남양주시 진건면 사능리에 묻혔다.

광해군 혼은 정치적으로 왕통 강화를 위해 무리수를 둔 것은 분명하지만, 내정개혁이나 외교 부문에서 탁월한 업적을 남겼다. 임진왜란의 상처 회복이다. 피폐해진 조선을 모두 다 재건하고 평화를 지키기 위해 많은 노력을 기울였다.

토지의 회복과 민생의 부담을 덜어주는 데 필요한 공납제(특산물을 세금으로 바치는 제도)를 개혁했다. 또한 대동법도 시행했다.

백성들이 부담하는 공물을 실물 대신 미곡(쌀)으로 통일해 납부하도록 한 것이다. 이전까지는 공납은 지역별로 배정된 품목을 직접 바치는 것으로 백성들의 부담이 매우 컸다. 그 지역에서 생산되지 않은 특산물이 공물로 배정되는 경우에 폐단이 있었다. 대공수미법을 보완하고 확대하여 실시함으로써 백성의 부담은 줄고 시전과 화폐경제의 발달을 일으켰다. 허준의 『동의보감』을 편찬하여 이후에 중국, 일본, 베트남 등지에도 전파되었다.

왜란으로 4대 사고 중에서 전주 사고만을 제외하고 다른 사고들이 모두 소실되자 이를 재건하는 사업에 착수하였고 무주에 적상산 사고를 새롭게 설치했다. 또한 가장 눈에 띄는 것은 광해군의 탁월한 외교적 감각이다.

임진왜란 후 명나라가 조선에 원병을 보낸 것과 정치적 혼란(동림당과 비동림당의 대립)으로 국력이 크게 약화된 것을 틈타 여진족 내부에서는 누르하치를 중심으로 통일 운동을 전개했다.

광해군이 왕위에 오른 이후 명의 세력이 약해지고 누르하치의 여진 세력이 강성해진 시기에 후금은 명나라 침공에 앞서 그 배후가 되는 조선을 공격하기에 이르렀다.

명과 후금 사이에서 줄타기 외교를 해야 하는 광해군은 명과의 외교도 적극적으로 하는 한편, 후금을 자극하지 않으려는 방향으로 나갔다. 두 나라 사이에서 명분보다는 실리주의적 등거리 외교를 펼쳤다. 광해군이 임진왜란 중에 분조를 이끌며 참전한 경험은 명나라 파병 요청으로 국제 정세를 파악하는 데 큰 도움이 됐다. 1만 명의 병력과 형조참판 강홍립을 5도 도원수로, 평안병사 김경서를 부원수로 삼아 군사를 징발해 출정에 나섰다.

강홍립을 도원수로 임명한 것은 국왕 직속 통역관인 어전통사 출신으로 중국말을 잘하였고 광해군의 의중을 정확히 파악하는 측근이었기 때문이다. 장수적인 능력보다 외교적인 역량을 총사령관으로 선임한 것은 광해군의 뛰어난 외교술이다. 출정에 앞서 강홍립은 광해군으로부터 비밀 지침을 받았다.

"명나라 장수의 명령을 그대로 따르지 말고 신중하게 처신해 패하지 않는 전투가 되도록 하라"는 것이었다. 심하전투에서 후금군과 싸움에서 지휘관을 비롯한 수천의 병사들이 희생되었다. 전세가 불리해지자 강홍립은 더 이상의 희생을 막아야겠다고 판단하고 후금

진영과 적극적인 협상을 했다.

광해군의 뜻을 알게 된 후금은 조선의 입장을 이해한다는 외교문서를 보내왔다. 광해군 역시 호의의 표시로 후금에 물건을 보내 이 일로 인해 조선군 포로들이 석방되었다. 국내에서는 변변한 전투 없이 오랑캐에게 항복한 강홍립을 처단해야 한다는 목소리가 높았다. 그러나 강홍립은 광해군의 외교정책을 충실히 수행한 것이다. 정묘호란 때 후금군 장수로 출정했을 때도 조선과 후금의 강화협상을 주선해 피해를 줄였다. 광해군의 실리 외교는 큰 성과를 거두었지만 평가는 달랐다. 그에 대한 업적을 모두 균형 있게 평가하는 생각이 필요하다.

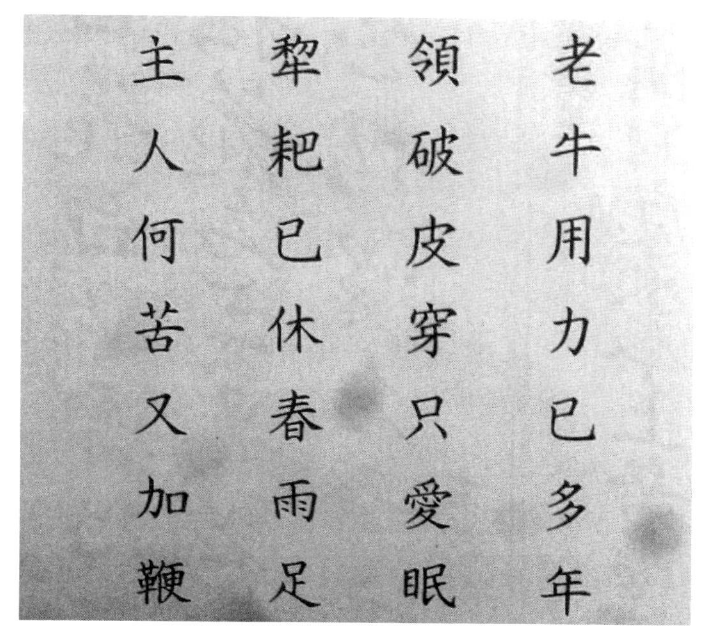

인목대비의 글씨

강화성 함락과 조선 여성들의 수난

1637년 1월 22일 강화성이 함락되어 왕세자빈 강빈과 봉림대군 등 많은 왕실 가족과 조정 대신들의 아내와 자식들이 포로가 됐다. 강화도 방어에 책임진 검찰사는 영의정 김류의 아들 김경징이었으나 강화도 방어와 그곳으로 들어간 왕실 인척들의 안위를 책임질 그릇이 아니었다.

단 하루 만에 함락되고 말았다.(나만갑, 『병자록 기강도사』) 강화도 함락의 원인을 군사적으로 살펴보면 무엇보다도 청군과의 압도적인 전력 차이였다. 청군의 병력(3,000~3,300명)과 조선군(1,000여 명)은 특히 홍이포에서 현격한 차이가 났다. 조선군은 우월한 수군 전력에 의지하여 해상에서 청군을 저지한다는 구상이었으나, 결국 실패로 끝났다.

수많은 여성이 자결했다. 목을 매거나 칼로 스스로를 찔렀다. 강화도 주변 바다에는 청군의 능욕을 피하고자 몸을 던지는 여성이 잇따랐다. 많은 여성이 바다로 뛰어들어 '여성들의 몸을 삼킨 바다 위에 형형색색의 머릿수건들이 낙엽처럼 떠다녔다'라는 기록이 있다. 여성들에게는 병자호란이 재앙이며 비극이었다.

이날의 참상은 참으로 처참했다. 함락의 대가로 백성들이 무참히 도륙을 당해 전쟁 후에 십 리, 이십 리 길을 가도 길에서 사람을 만날 수 없는 처참한 유령의 섬이 되었다. 청군이 남한산성에 있는 인조를 제압할 수 있는 방법은 강화도를 함락시키는 것이었다. 청군은 강화도에 있던 봉림대군의 친필 서신과 윤방, 회은군 덕인 등의 장계와 강화도에서 사로잡은 환관 나업과 진원군 세완을 증인으로 제시하면서 자신들이 강화도를 점령한 사실을 남한산성에 알렸다.

강화도 함락 소식을 접하자 충격과 절망에 휩싸인 인조는 농성을 포기하고 출성하기로 결단하게 됐다. 당시 강화도에는 종묘사직의 신주와 원손(소현세자 아들)과 봉림대군이 피난해 있었다. 설사 남한산성이 무너지더라도 강화도만 버틴다면 나라가 망하지 않을 수 있다고 인조는 생각했다. 남한산성은 청군의 전투력이 아무리 강력하더라도 쉽사리 함락시킬 수 있는 곳이 아니다. 굳이 희생을 감수하면서 공성전을 서두를 필요가 없었다. 식량이 떨어지면 조선군은 굶주림에 지쳐 전투력을 완전히 상실할 것이기 때문이다. 강화도가 함락돼 많은 사람이 포로가 되자 화친을 맺어야 한다는 주장에 설득력이 있었지만 김상헌, 윤집, 오달제 등은 끝까지 명나라를 섬기고 오랑캐 청나라에 맞서야 한다는 척화론을 주장하면서 주화파들과 대립하며 항전 의지를 외쳤다. 결국 명을 위해 조선의 존망까지 맡길 수 없다는 최명길 등 주화파들의 주장을 받아들여 1637년 1월 30일 아침 임금은 남한산성에서 내려와 삼전도로 향했다. 그들 모두는 청나라의 침략으로부터 자신과 나라를 지킬 만한 힘과 능력이 없다는 것을 스스로 잘 알고 있었다. 전쟁의 승패를 가르는 많은 요소 가운데 어느 것 하나 척화론 주장 빼고는 청나라보다 나은 것이 없었다. 청나라 군대의 호령에 따라 세 번 큰절하고 머리를 아홉 번 조아리는 '삼배구고두'의 항복 의식을 마쳤다. 청나라와 군신 관계가 맺어지고 청의 연호 사용, 세자와 왕자를 청나라에 인질로 보낼 것 등 11개 조항의 굴욕적인 '정축화약' 협상이 맺어졌고, 인조의 항복을 받은 청 태종은 승전의 기념으로 자신의 공적을 알리는 비석을 세웠다. 이것이 바로 '삼전도비'이다.

역사상 우리의 자존심에 큰 상처를 주고 치욕스러운 장면을 기록한 비석이다. 전쟁 대비 준비도 없이 명분만을 내걸고 나서는 잘못된 전쟁으로 약 3개월의 짧은 전쟁 기간의 결과는 참으로 처참했다.

항복 의식이 끝나고 창경궁으로 돌아가는 길에 포로로 끌려가는 백성들이 울부짖었다. 그 수가 만여 명이 넘었다. "임금이시여! 우리 임금이시여! 정녕 우리를 버리고 가시나이까?"

청군들에게 붙잡혀 포로가 된 조선 백성들이 울부짖는 소리였다. 임금에게는 그들을 구해줄 힘이 없었다. 무조건 항복으로 가까스로 목숨과 왕위를 지킨 무능한 임금이 이 불쌍한 백성들에게 해줄 수 있는 것이 아무것도 없었다고 실록은 기록하고 있다. 수십만의 백성들이 포로로 끌려가 다쳤거나 죽었다. 끌려가는 도중에 얼어 죽고 굶어 죽고 맞아 죽었다. 탈출하려다 실패하여 발뒤꿈치를 잘리기도 했다.

사로잡힌 조선 여성들 가운데 많은 수가 심양으로 끌려가던 중 청나라 장수들의 첩으로 전락했다. 못된 장수는 자신의 부하가 거느린 첩을 강제로 빼앗거나 자신이 데리고 있는 여성과 교환하기도 했다. 전쟁에서 돌아온 남편이 조선 여성을 데리고 돌아오자 만주인 본처들은 질투심으로 가득 찼다. 그녀들의 투기나 분노는 조선 피로인 여성들에 대한 학대로 이어졌다. 심지어 조선 여성들에게 끓는 물을 퍼붓기도 했다. 소식을 보고받은 청 황제조차 격분하여 피로인 출신 여성들에게 야만적인 방식으로 투기를 일삼는 본처들을 순사시키겠다고 경고했다. 심양으로 끌려갔던 여성들 가운데 이런저런 방법을 통해 조선에 돌아온 사람도 적지 않았다. '정절을 잃은 여자'라는 수군거림 속에 남편과 시댁으로부터 버림받곤 했다. 조정 신료 대다수는 '몸을 망친 여인들에게 조상의 제사를 받들게 할 수는 없다'며 그들과 이혼을 허용해야 한다고 외쳐댔다. 사선을 넘어 귀환한 여성들을 화냥년으로 매도했다.

연성부정 옥정 蓮城副正 玉精

양원군의 2남이다. 부인은 황주 안씨 판서 안윤덕의 딸로 슬하에 1남 1녀를 두었다. 아들 의창부수 숙(1550년 태생)은 광주 정씨 정심녀와 혼인하였으나, 일찍 사망하여 후손이 없다. 딸 도치(1539년 태생)는 평강 채씨 채홍원에게 출가했다.

의창부수 숙

일찍 사망하였다.

화녕군 옥명 花寧君 玉命

1538년(중종 33년) 6월 28일에 태어났다. 양원군의 셋째 아들이다. 정부인 강릉 김씨는 참판 김광진의 딸로 별세하여 화녕군 묘에 쌍평으로 안장하였다. 계부인 봉화 금씨는 참정 금순성의 딸로 화녕군 묘역 남쪽 을좌에 안장되었다. 계부인 상주 박씨는 서울시 노원구 상계동 온수곡에 안장되었다. 자손은 3남 4녀로 첫째 아들 무창부수(무창군) 효생과 둘째 아들 익창부수 충생, 셋째 아들 평창부수(평창군) 만수가 있다.

화녕군 묘

화녕군의 묘지 비석

무창군 효생

1562년(명종 17년)에 태어났다. 양원군의 손자이며 화녕군의 장남이다. 정의대부와 무창군에 봉해졌다. 어머니는 강릉 김씨이며 부인은 안동 권씨로 봉사 권근의 딸이다. 슬하에 2남을 두었으며 장남 순양군 흔, 차남은 언양군 엽이다. 묘는 서울시 중랑구 망우동 옥녀봉 아래 선영에 예장되었다.

순양군 흔

1580년(선조 13년)에 태어났다. 양원군의 증손으로 무창군의 장남이다. 정의대부를 제수받고 순양군으로 봉군되었다. 부인은 강릉 김씨 첨정 김눌의 딸이며 슬하에 3남 2녀를 낳았다. 장남 태방, 차남 인방, 3남 원방이다. 큰딸은 동래 정씨 정관과 혼인하였고 작은딸은 강릉 최씨 최여찬에게 출가했다. 묘는 서울시 중랑구 망우동 능촌 안산에 예장되었다.(전주 이씨 대동종약원, 양원군파 4세 약사)

언양군 엽

양원군의 증손으로 무창부수(무창군) 효생의 둘째 아들이다. 1585년(선조 18년) 9월 9일 태어났다. 자는 숙이고 호는 송은이다. 벼슬을 처음 받은 것은 부령이며 창선대부를 제수받았다. 어릴 때부터 재주가 뛰어나고 총명하여 아버지의 가르침을 받았다. 소나무를 매우 좋아하여 호를 '송은'으로 지었으며 문장과 예학이 뛰어나 종실들에게 알려져 존경을 받았다.

광해군 때 인목대비 폐비 사건에 반대 상소를 올렸고, 흉론에는 참여하지 않았다. 종실들과 함께 광해군 뵙기를 청하였으나 거절당했다. 그는 말하기를 "사람이 지킬 도리와 집안의 도덕이 오늘날 무너졌다"라고 하며 한양을 떠나 양주 망우리 집으로 돌아와 은거 생활을 했다. 또한 병자호란에 맺은 삼전도의 굴욕과 북오랑캐가 조선에 왕래하는 것을 볼 수가 없어 호남 능주 송석방 제촌으로 내려가 어민들과 섞여서 살았다. 부인은 경주 김씨 용양위 부호군 김수참의 딸이며 2남 3녀를 두었다. 장남은 정방이며 차남은 진방이다. 큰딸은 청주 한씨 한지와 혼인하였고 차녀는 이천 서씨 서익중에게, 삼녀는 장흥 임씨 임성윤에게 출가했다. 묘소는 전남 화순군 이양면 송정리에 예장되었다.(전주 이씨 대동종약원, 양원군파 4세 약사; 『선원속보 양원군 파보』)

익창부수 충생

1588년(선조 21년) 8월 18일 태어나 1661년(현종 2년)에 사망했다. 양원군의 손자이며, 화녕군의 차남이다. 명선대부를 제수받았다. 부인은 고령 신씨 주부 신락의 딸이다. 슬하에는 5남 4녀를 두었다. 장남 영원부령 탁, 차남 영능부령 질, 3남 영흥부령 경, 4남 영산부령 소, 5남 영해부령 방이다.

장녀는 이기백, 차녀는 이명필, 3녀는 충주 박유중에게 출가하였고, 4녀는 김이장과 혼인하였다. 묘소는 충북 괴산군 문광면 광덕리

후룩산 중봉에 예장되었다.(전주 이씨 대동종약원, 양원군파 4세 약사)

영원부령 탁

1601년(선조 34년)에 출생하였다. 양원군의 증손으로 익창부수 충생의 첫 아들이다. 어머니는 고령 신씨로 주부 신락의 딸이다. 부인은 광주 이씨로 6남 3녀를 두었으며 장남 석방, 차남 명방, 3남 취방, 4남 준방, 5남 필방, 6남 유방이다. 장녀는 박건에게 출가하였고 차녀는 최숙에게, 3녀는 현감 백여규와 혼인하였다. 묘소는 없어져 찾을 수 없다.

영능부령 질

1603년(선조 36년)에 태어났다. 사망한 날짜는 알려지지 않았다. 양원군의 증손으로 익창부수의 차남이다. 어머니는 고령 신씨로 주부 신낙의 딸이다. 명선대부와 부령(종6품)을 제수받았다.

첫 부인은 죽산 박씨로 박지번의 딸이며 둘째 부인은 단양 우씨 우경중의 딸이다. 슬하에 4남 3녀를 두었으니 장남 영방, 차남 기방, 3남 최방, 4남 신방이다. 장녀는 박세필에게로 출가했고, 차녀는 남연명에게, 3녀는 군수인 김정상에게 출가했다. 묘소는 실전되었다.

영흥부령 경

1615년(광해군 7년) 11월 14일 태어났다. 양원군의 증손으로 익창부수 충생의 셋째 아들이다. 창선대부와 부령을 제수받았고 어머니는 고령 신씨로 주부 신낙의 딸이다. 부인은 순천 박씨로 창선대부 박시영의 딸이다. 슬하에 5남을 두었으며 장남 세방, 차남 지방, 3남 선방, 4남 정방, 5남 춘방이다.

1696년(숙종 22년) 9월 15일에 향년 81세로 사망했다. 묘소는 경기도 남양주시 와부읍 월문리 산 358번지에 예장하였다.

영산부령 소

양원군의 증손으로 익창 부수의 4남이며 부령을 제수받았다. 어머니는 고령 신씨로 주부 신낙의 딸이다. 슬하에 4남을 두었으며 장남 익방, 차남 두방, 3남 명방, 4남 일방이다. 부인은 안동 권씨로 판서 권숙의 딸이다. 1626년(인조 4년) 11월 20일에 태어나 1월 14일 사망하였다. 연도는 알 수가 없다. 경기도 남양주시 와부읍 월문리 산 358번지에 예장되었다.

영해부령 방

1629년(인조 7년) 11월 12일 충청북도 괴산 아미동 외가에서 태어났다. 이곳은 선대부가 살던 곳이었다. 자는 원명이며 양원군의 증손으로 3남 화녕군(화녕부정) 옥명 손자이다. 아버지는 익창부수 충생의 5남이며 어머니는 고령 신씨 주부 신낙의 딸이다.

일찍이 어머니를 여의고 서모 밑에서 자랐다. 천연두를 앓고 있던 8세 때에 병자호란이 일어나 피란 준비 없이 겨울철에 속리산으로 들어가 눈보라 속에서 고통을 이겨내 약 없이 자연에 의해 치료되었다.

이때에 많은 사람들이 준비 없이 떠난 피란이라 먹을 것, 입을 것이 부족하여 굶주림 속에 고통을 받으며 추위에 죽어갔다. 전란을 겪으면서 백성들의 어려움을 알게 되었고 어린 나이였으나 무예에 뜻을 두어 훌륭한 무인으로 성장했다. 사냥할 때는 칼이나 활을 사용하지 않고 맨몸으로 뛰어가 발로 차고 몸으로 부딪치며 표범을 잡기도 했다. 마을에서는 그의 놀라운 용맹이 무용담으로 전해 내려오고 있다.

때때로 한양에 올라가 지인들을 만나기도 하였으며 선조들이 살던 고향을 떠나지 못하고 서모를 알뜰히 모시면서 형제자매들과 일가친척 간에 우애가 매우 깊었다. 또한 풍류를 즐기며 여유로운 생활을 하였고 심성이 곧고 넓으며 기골이 장대하고 건강하였다.

1634년(인조 21년) 창선대부(종친의 정, 정3품)를 제수받았고 1684년(숙종 10년)에 명선대부(종친의 도정, 정3품)를 받았다. 어려서부터 재주가 많았으나 왕실의 자손은 4대까지 벼슬길에 나설 수 없기 때문에 자손들의 교육에 열정을 쏟았다.

'사람이 세상을 살면서 책을 읽지 않으면 이름이 있어도 볼 만한 것이 없게 된다. 너희들은 처음에 유학을 과목으로 하여 배우고 익히며 마땅히 그 업에 힘써서 나의 뜻을 등지지 말아라. 서적은 서재의 도구이니 어떤 경우는 옷을 벗어주고라도 사고, 또한 널리 구해서 얻어야 한다'고 일렀다.

'옛날 내가 젊었을 때는 좋은 말에 깨끗한 의관을 갖추고 살아가는 것을 좋아했으나 이제 늙으니 서책을 많이 갖추어 읽는 것이 나의 뜻이다'라고 했다. '내가 어렸을 때 배움의 기회를 잃어버려서 책속에 이렇게 지극한 즐거움이 있음을 알지 못한 것이 한이구나'라고 한탄했다.

또한, 평소에 술 마시기를 매우 좋아해 늘 즐겼으나 한도가 있었다. 하루에 보통 서너 잔 마시는 것으로 끝냈다. 그러나 벗이나 문객들과 함께 마실 때에는 주량이 없는 듯 마셨으나 말의 실수나 행동이 흐트러짐이 전혀 없었다. 부인은 백천 조씨로 조선의 딸이다. 슬하에 모두 8남 4녀를 두었고 장남 익화는 진사가 되었고, 차남 태화는 어린 나이에 사망했다. 3남 진화는 조상을 받들었다. 4남 덕화와 5남 필화는 무과에 급제하였다. 6남 옥석, 7남 천석, 8남 만석이다. 장녀는 안동 김씨 김숙과 혼인하였고 차녀는 파평 윤씨에게, 3녀는 순흥 안씨 안재원에게, 4녀는 서창석에게 출가했다.

1689년(숙종 15년) 7월 12일 향년 60세에 사망하여 충북 괴산군 선영에 예장했다.

평창군 만수

자는 헌지이며 양원군의 손자로 화녕부정(화녕군)의 셋째 아들이다. 처음에는 창선대부(정3품)와 평창부수를 제수받았으나, 병자호란 때 인조를 남한산성으로 호종하여 평창군으로 추증되었다. 슬하에 1남 1녀를 두었다. 아들 해천군 영이 있으며 딸은 김중영과 혼인하였다.

부인은 해남 윤씨로 감사 윤유기의 딸이다. 1594년(선조 27년) 2월 22일 태어나 1644년(인조 22년) 1월 20일에 향년 46세로 사망했다. 묘소는 서울시 노원구 상계동 온수곡에 예장했다.

해천군 영

1618년(광해군 10년) 9월 2일 태어나 1676년(숙종 2년) 12월 4일에 사망했다. 양원군의 증손으로 평창부수 만수의 아들이다. 자는 현빈이며 부인은 조인필의 딸 순창 조씨이다. 영은 처음에는 해원부수를 제수받았으며 뒤에 해천군이 되었고 품계는 명선대부이다. 1651년(효종 2년) 12월 3일 김자점 가족의 모반 사건(김자점의 난)이 일어나 급함을 알고 효종에게 역모 사실을 알려 평정하게 했다. 효종은 진정으로 임금을 섬김에 크게 감동하여 공훈과 노고를 아름답게 여겨 책훈을 하교하니 사양하며 말하기를, "종친이 나라의 환란을 제거한 것은 직분의 마땅한 바에 불과하다고 생각합니다. 감히 나라에서 주는 은전을 받겠습니까."

해천군은 거절하였으나 예법에 따라 여러 번 상이 내려져 집과 노비를 받았다. 슬하에 5남 1녀를 두었으니 장남 수방, 차남 만방, 3남 신방, 4남 진방, 5남 준방이다. 딸은 박사침에게 출가했다. 묘소는 평창군에 예장됐다.

김자점 모반 사건과 효명옹주

본관은 안동 김씨로 음보를 통해 병조 좌랑에 임명되었으나 광해군 말년에 집권 세력인 대북파에 의해 파직되었다. 이귀, 김류 등과 함께 인조반정에 참여하여 그 공으로 호조좌랑에 이어 도원수에까지 이르렀으나, 병자호란 때 토산전투에 참패하여 관직에서 물러났다. 손자 김세룡을 효명옹주(인조의 딸)와 결혼시켜 왕실 외척으로 등장하였고 영의정에 올라 사은사로 청나라에 다녀왔다. 인조의 수라상에 독약을 넣어 그 협의를 소현세자의 부인 강빈에게 뒤집어씌우자 앞장서서 그녀를 죽게 했고 소현세자의 세 아들을 모두 제주에 유배 보냈다.

1649년 효종이 즉위하자 김경록, 송준길 등 대간들의 격렬한 탄핵과 효종이 "김자점은 아바마마가 승하하실 때 눈물을 흘리지 않고 멀뚱히 있었다. 충성심이 부족할 따름이다"라는 논리를 내세워 광양으로 귀양을 보냈다. 영의정 김자점은 온갖 악역을 무릅쓰고 봉림대군을 인조의 후계자로 만드는 데 많은 일을 하였으나 결과는 배신이었다. 껄끄러운 정적을 제거한 것이다.

나라에 앙심을 품고 역관 이형장을 시켜 조선이 북벌을 계획하고 있고, 인조의 능지문에 청나라 연호를 쓰지 않고 명나라 연호를 쓴 사실을 청나라에 알려 군대와 사신을 보내 확인하려 하자 영의정 이경석이 문제를 해결하여 무마되면서 침공을 받지 않았고, 그로 인해 반역 행위가 드러났다.

1651년 12월 진사 신호와 해원부령(해천군) 영(양원군의 증손)이 효종에게 김자점 일가의 역모 사실을 알렸다. 아들 김식이 수어청 군사와 수원의 군대를 동원하여 효종과 김집, 송시열 등 정적을 제거하고 귀인 조씨(인조의 부인)의 큰아들 숭선군을 임금으로 추대하려고 계획을 세웠다. 그러나 계획이 바뀌어 의빈인 손자 김세룡을 옹립하려 했다. 효종이 김자점 아들 김식을 친국하여 공모자들을 밝혀내 여러 무장들이 희생되었다. 이 과정에서 소용 조씨(귀인 조씨)가 장렬왕후와 그녀의 조카이자 자신의 며느리인 숭선군부인 신씨를 저주한 사건까지 드러났다.

조 귀인은 효명옹주 사가에서 영이라는 예쁜 소녀를 데려다 자신의 큰아들 숭선군의 첩으로 들였는데, 문제는 숭선군의 아내 신씨의 이모가 인조 계비인 자의대비(장렬왕후)인 것이었다. 신씨가 자의대비에게 울면서 하소연하자 자의대비는 영이를 추궁했고, 겁에 질린 영이는 '조 귀인이 자의대비와 효종을 저주한다'는 자백을 했다. 또한 저주한 일에 관해 추국할 때 여종들이 말하기를, '효명옹주가 옷소매 속에 사람의 뼛가루를 담아서 대궐과 오라버니 인평대군의 집에다 뿌리고 흉한 물건을 궁궐 주변에 묻었다'는 자백이 나왔다.

야사 기록을 보면 '효명옹주는 효종이 자신을 멀리하자 시할아버지 김자점을 왕으로 모시고 자신은 세자빈이 되려고 했다'고 한다.

1651년(효종 2년) 12월 3일 양사에서 효명옹주와 남편 김세룡을 국문할 것을 청하였으나, 김세룡만 국문했다.

'효명옹주가 흉악한 짓을 한 실상들이 역적들의 승복에서 나왔습니다. 또한 낙성위 김세룡은 그 아내가 흉악한 짓을 행한 실상을 전혀 몰랐을 리가 없습니다. 그런데도 지금 집에서 편히 지내고 있습니다. 효명옹주를 처치하고 김세룡을 잡아서 국문하소서' 하였다.

또 아뢰기를 역적 조씨 모녀에 대해 율을 적용하라는 어명을 내릴 것을 청하였으나, 임금이 말하기를 '"내가 옹주와는 선왕의 슬하에서 함께 자라 하루도 서로 떨어지지 않았었다. 이 일이 흉역에 관계된다는 것을 모르고 그의 어머니의 지시를 따른 것뿐이다. 그에게는 잘못이 없으므로 갑자기 벌을 주는 것은 차마 하지 못할 것이다"라고 했다.

12월 15일에 역옥에 연루된 김자점 등 죄인들에 대한 율 적용을 논의하였다. 효종이 인정문에 나아가 친국하고 이르기를 "김세룡이 승복한 뒤에 법에 맞게 벌을 주라는 청을 하였으나 차마 그렇게 하지 못한 바이다. 그가 비록 흉악한 역적이기는 하지만 나의 지친이요, 차율次律을 써서 그 형체를 보존해주고 싶다. 옹주는 부녀자이고 혈족이니 그에게는 은혜를 내릴 수 있으나 김세룡에 대해서는 정형에 처하지 않을 수 없다. 법대로 할 뿐이다"라 했다. 김자점의 시신은 팔다리를 토막 내고 마지막에 목을 자르는 거열형에 처해졌다. 야사에 의하면 김자점의 시신은 갈가리 찢어서 항아리에 나누어 담아 조선 팔도에 하나씩 보냈다고 한다. 63세의 나이였다.

그와 공모한 귀인 조씨는 사약을 받았고 남편 김세룡과 시할아버지 김자점이 처형되자 효명옹주는 작위를 박탈당해 김처(김세룡의 처)라 불리게 됐다. 이후 옹주는 강원도 통천으로 유배되었다가 날씨가 춥다는 이유로 경기도 이천으로 옮겨졌다.

1655년 효종의 명으로 유배지를 강화도 교동으로 옮겨 동생들인 숭선군 징, 낙선군 숙과 함께 살게 하였다. 옹주는 평생 감시 속에 살다가 1700년(숙종 26년) 64세에 사망했다. 효종은 조 귀인을 사사했지만 그 자식들에게는 유감이 없어 혈육으로 최대한 보호해주었다. 부왕 인조의 유언을 지킨 것이다.

효명옹주

인조의 고명딸로, 늦둥이로 태어나 부왕의 남다른 총애를 받으며 어린 시절을 보냈다. 어머니는 귀인 순창 조씨이며 2남 1녀 중 맏딸이다. 인조의 사랑을 듬뿍 받고 자란 옹주는 자기중심적이고 행동이 오만방자했다. 대궐에서 잔치가 벌어지자 이복 오라버니 인평대군(인조 3남)의 아내 복천 부부인 오씨와 누가 윗자리에 앉을 것인가를 두고 다툼이 벌어졌다.

부부인 오씨는 "작금으로는 내가 옹주보다 아래이나, 적통으로서는 내가 옹주보다 먼저다"라고 주장했으나 효명옹주는 "부왕이 계시니 내가 먼저다"라고 말했다. 옹주의 품계는 무품이나 부부인(대군의 부인)은 정1품이다. 그러나 인평대군은 효명옹주보다 15세 많은 오빠의 손위 올케였다. 인조는 옹주 편을 들어 딸을 윗자리에 앉도록 했는데, 이 일이 있고 난 뒤부터 두 남매 사이에 감정의 골이 점점 깊어져 갔다.

11세가 되던 1647년 인조는 신랑감을 간택하게 했는데, 어머니 귀인 조씨(종 1품)는 딸을 세도가 김자점 손자인 김세룡과 혼인시키기 위해 김자점의 동의 아래 김세룡의 사주팔자를 바꾸어 옹주의 부마로 선발했다. 낙성위 김세룡이다. 옹주는 결혼 후에도 2년간 궁궐에 살다가 1649년 출궁하여 사가에서 생활했다.

기록에 의하면 옹주의 혼례 때 인평대군의 저주의 뜻이 담긴 베개를 들여보내기도 했다. 그 후에 여자 거사 '설명'의 진술에서 베개를 뜯어보니, 그 안에는 노루의 발굽과 같이 생겼다 했다.

1649년(인조 27년) 5월 8일 병석에 누운 인조는 새벽에 왕세자 봉림대군에게 말하기를, "3명(효명옹주, 숭선군, 낙선군)의 동생들을 벌하지 말고 죽는 순간까지 친형제같이 사이좋게 지내고 많이 도와주어라"라고 유언을 남겼다.

강양군 옥호

1520년(중종 15년) 6월 22일에 태어나 1578년(선조 11년) 3월 27일에 사망했다. 양원군의 4남이다. 처음 관직을 받을 때는 강양정이었으나 왕실의 일원으로 종친부에 속해 평온한 어린 시절을 보냈고 양원군이 중종반정에 공을 세워 종2품 정의대부 품계에 올라 강양군에 봉해졌다. 문장과 재덕이 매우 뛰어났고 문인의 기상을 두루 갖춘 종친으로 우재 유몽인[28]에게 학문을 익혀 당대에 저명했다. 성격이 소탈하고 쾌활했으며 시에 능했고, 매화를 매우 사랑하고 아껴 호를 '매곡'이라고 불렀다.

연장지명병상최	年將知命病相催
옥각유유초사애	屋角悠悠楚些哀
매악부지인사개	梅蕚不知人事改
일지선발송향래	一枝先發送香來

---

28 1559~1623. 호는 어우(於于), 조선 중기의 문장가이며 외교가로 글 솜씨가 뛰어났다. 1589년(선조 22년)에 문과에 장원급제하여 대사간, 이조참판 등을 지냈다. 임진왜란 중에도 명나라에서 오는 사신을 맞이하는 등 중요한 역할을 했다. 왜란 후 어사로서 각 지방을 다닐 때 보고 들은 내용을 있는 그대로 어우야담에 기록했다. 광해군 때 북인에 가담했으나, 인목대비 유폐에 찬성하지 않아 배척당해 벼슬에서 물러났다. 인조반정 후 광해군 복위를 꾀한다고 유응형의 무고를 받아 역적에 몰려 아들과 함께 처형됐다. '비록 옛 임금이 현명하지 않고 새 임금이 매우 훌륭하더라도 마음을 바꿔 새 임금에게 충성하는 것은 부끄러운 일'이라며 광해군에 대한 굳건한 충절을 인정받아 1794년(정조 18년)에 신원이 회복되어 '의롭고 곧은 사람'이라는 뜻이 담긴 의정공(義貞)公 시호를 받았다. 문집으로 『어우집』과 야담집 『어우야담』이 있다.

쉰 살에 가까워 병이 서로 재촉하니
지붕 끝 아득하고 마음은 처연쿠나
매화는 사람의 변고도 아지 못하고
한 가지 먼저 피워 향기를 보내오네

이 시는 강양군 옥호가 지은 시로, 병이 들어 죽음에 이를 때 창문을 열고 매화가 처음 꽃 핀 것을 보고 하인을 시켜 가지 하나 잘라오게 했다. 책상 위에 가지를 올려놓고 종이와 붓을 찾아 이 시를 쓴 다음 사망했다. 유몽인의 설화집 『어우야담』에 기록돼 있다.[29]

슬하에 1남 2녀를 두었으며 장남으로는 낙창령(낙창정, 1555년생) 인서와 장녀 덕복(1547년생)은 부사 원주 변씨 변기와 혼인하였고 차녀 애복(1552년생)은 수원 황씨 황용중에게 출가했다. 정부인은 전의 이씨 첨지중추부사 이승석의 딸이며 별세하여 남편 묘 왼쪽에 안장되었다. 경기도 시흥시 조남동 초산하에 예장했다.

---

29 강양군 이숙(1453~1499). 세종의 손자이며 계양군의 아들로 '매화'를 주제로 한 비슷한 시가 전해지고 있다.

강양군 묘

강양군 비석

낙창정 인수

양원군의 손자이며 강양군의 아들이다. 처음에는 창선대부(정3품)와 낙창령을 받았고 낙창정으로 추증되었다. 어머니는 전의 이씨로 첨지 이승석의 딸이다. 부인은 남양 홍씨 병사 홍언성의 딸과 풍천 임씨 첨지 임희전의 딸이 있다. 슬하에 5남 2녀를 두었으며 장남 봉능도정 철수와 부인 여산 송씨, 차남 학능도정(학능정) 애수와 부인 안동 권씨, 3남 금능도정(금능정) 득수와 부인 풍기 진씨, 4남 화능감 용수와 부인 청풍 김씨, 5남 한능감 해수와 부인 전의 이씨와 담양 전씨, 큰딸 덕복(1547년생)은 원주 변씨, 작은딸 애복(1552년생)은 창원 황씨 황용중에게 출가했다.

1555년(명종 10년) 4월 19일에 태어나 1619년(광해군 11년) 6월 22일 사망했다. 그 밖에 양녀와 비가 낳은 8명의 딸 자손이 있다. 양녀가 낳은 첫딸은 성주 이씨 이완, 둘째 명복은 광주 김씨 김복휘, 셋째 말질종은 파평 윤씨 윤황과 혼인하였다. 비가 낳은 넷째 딸은 단양 우씨 우승경에게, 다섯째는 창원 황씨 황수천, 여섯째는 전의 이씨 이대윤, 일곱째는 영산 신씨 신경, 여덟째 막내 춘종은 남원 양씨 양훈에게 출가했다.(전주 이씨 대동종약원, 양원군파 4세 약사)

봉능도정 철수

낙창정의 장남으로 명성대부이다. 정부인은 여산 송씨이며 묘지는 황해도 금천군에 있다.

학능도정(학능정) 애수

낙창정의 둘째 아들로 정부인은 안동 권씨이다. 묘지는 황해도 봉산군에 있다.

금능도정(금능정) 득수

낙창정의 셋째 아들로 부인은 풍기 진씨이다. 묘지는 황해도 봉산군에 있다.

화능감 용수

낙창정의 넷째 아들로 부인은 청풍 김씨이다. 묘지는 황해도 봉산군에 있다.

한능감 해수

품계는 창선대부로 부인은 전의 이씨와 담양 전씨이다. 묘지는 경기도 화성군 남양면 북양리에 있다.

용어 해설

공신	국가나 왕실을 위해 공을 세운 사람에게 주는 칭호 또는 그 칭호를 받은 사람.
공주	왕의 적녀.
국장	왕, 왕비, 대비, 왕대비 및 왕세자 등의 장례.
군부인	왕자군이나 종친의 아내에게 내리던 외명부의 봉작. 왕자군의 아내에게는 정1품 품계를, 종친의 아내에겐 종1품 품계를 주었다.
궁인직	종4품 숙원 이상은 실제로 왕의 부실로서 궁중에서 직무는 없으나 정5품 상궁 이하는 궁녀로서 각각 그 명칭이 표시하는 바와 같은 직무가 있다.
내명부	궁중에서 봉직하는 여관으로서 품계가 있는 사람.
대군	왕의 적자.
대원군	방계에서 왕위를 계승한 때에 그 왕의 생부.
봉작	왕자, 왕손 또는 공신 등을 군으로 봉하고 또는 외명부에게 그 남편의 관직에 상응한 부인직을 하사하는 것을 말하는 것.

부부인 왕비의 어머니(정1품), 대군의 부인(정1품).

빈 정1품이나 교명을 받은 사람은 품계가 없다.

선왕 현재 재위한 왕의 선대의 왕.

세자빈 왕세자의 정부인.

시호 고관 또는 공훈이 있는 사람에게 사후에 주는 존칭.

양첩 첩에는 두 종류가 있으니 서민의 여자가 첩이 되면 양첩이라 하고 노비 또는 기생, 백정 등의 여인이 첩이 되면 천첩이라 한다.

영감 공사교제시 당상관을 부르는 호칭.

예장 왕비의 부모, 빈, 귀인, 대군과 왕자군 및 그 부인, 공주, 옹주, 1품관 및 공신 등의 장례에는 국가에서 위의를 차려주기 위하여 인원과 물품을 공여하고 예장이라 칭한다.

옹주 왕의 서녀.

왕자군 왕의 서자.

외명부 종친의 딸, 그들의 처 및 문무관의 처로서 봉작을 받은 사람.

원손 왕의 장손으로 아직 왕세손으로 책봉되지 않은 사람.

의빈(부마) 임금의 사위.

적장자 적출의 장남.

종반 종친으로서 관계가 있는 사람.

종부시 선원보첩을 편집 기록하고 종실의 비위를 조사 규탄하는 임무를 담당.

종성 왕과 동성 즉 조선의 국성인 전주 이씨.

종재 종친 중의 수석인 대군 및 왕자군.

종친 왕의 부계친으로서 촌수가 가까운 사람. 대군의 자손은 그의 5대손까지를, 왕자군의 자손은 그의 4대손까지를 봉군하여 종친으로 예우한다.

종친부 역대 국왕의 계보와 초상화를 보관하고 국왕과 왕비의 의복을 관리하며 선원계파를 감독하는 관아.

종친의 부인 『경국대전』에 의하면 대군과 왕자군의 처는 부부인 또는 군부인이라 일컫고 그 이하의 종친의 부인에게는 그 남편의 품계에 따라서 현부인 내지 순인 등의 칭호를 봉작하였으나 『대전통편』에서는 종친의 처의 특별한 봉작칭호를 폐지하고 문무관의 처와 동일한 칭호로서 그 남편의 품계에 좇아 봉작하였다.

참고문헌

구범진, 『병자호란 홍타이지의 전쟁』, 까치, 2019.
규장각한국학연구원, 『전란으로 읽는 조선』, 글항아리, 2016.
김범, 『연산군 그 인간과 시대의 내면』, 글항아리, 2010.
나만갑, 『병자년 남한산성 항전일기』, 주류성, 2017.
민족문화추진회, 『왕자 익양군 증시 순평공회 신도비명』, 한국문집.
박종인, 『땅의 역사』, 상상출판, 2018.
사필, 『사론으로 본 조선왕조실록』, 한국고전번역원, 2016.
신병주, 『왕으로 산다는 것』, 매일경제신문사, 2017.
신병주, 『조선을 움직인 사람들』, 새문사, 2019.
신병주, 『조선 왕비로 산다는 것』, 매일경제신문사, 2020.
신채용, 『조선 왕조의 백년손님』, 역사비평사, 2017.
선릉왕자파 동종회, 『선릉저널』 통6호, 2019.
유몽인, 『어우야담』, 신익철·이형대·조융희·노영미 역, 돌베개, 2006.
이덕일, 『조선 왕을 말하다』, 역사의아침, 2010.
이성무, 『조선국왕전』, 청아출판사, 2012.
전주이씨대동종약원, 『선원속보 양원군 파보』.
전주이씨대동종약원, 『전주이씨대관』, 뿌리문화사, 1999.
조선왕조 『예종실록』.

조선왕조『성종실록』.
조선왕조『연산군일기』.
조선왕조『중종실록』.
조선왕조『명종실록』.
조선왕조『선조실록』.
조선왕조『광해군일기』.
조선왕조『인조실록』.
조선왕조『효종실록』.
조선왕조『영조실록』.
조선왕조『고종실록』.
지두환,『성종대왕과 친인척 4권』, 도서출판역사문화, 2007.
한명기,『역사평설 병자호란』, 푸른역사, 2013.

이웅구

성종대왕의 왕자 양원군 15대손.
농촌진흥청 국립축산과학원 낙농과.
성종대왕의 후예이다.
종사 일을 하면서 선조들이 사료에 남긴 글을 찾아 책으로 기록했다.
농학의 길을 묵묵히 걸으며, 20여 년 동안 해왔던 원예 동호인 간 나눔의 기쁨을 갖고
오늘도 자연과 함께 살아가고 있다.

대왕의 후예들

2021년 6월 21일 초판 1쇄 펴냄

지은이 이웅구
기획발행 전주이씨 양원군 종친회
펴낸곳 도서출판 보고사

책임편집 이순민
표지디자인 이준기

등록 1990년 12월 13일 제6-0429호
주소 경기도 파주시 회동길 337-15 보고사
전화 031-955-9797(대표), 02-922-5120~1(편집), 02-922-2246(영업)
팩스 02-922-6990
메일 kanapub3@naver.com / bogosabooks@naver.com
http://www.bogosabooks.co.kr

ISBN 979-11-6587-191-8 03910

정가 13,000원